戦国古文書入門

渡邊大門〔編〕

東京堂出版

はじめに

これまで古文書を読むと言えば、江戸時代の古文書が大半を占めており、戦国時代のものはあまり見かけませんでした。しかし、戦国時代のファンは多く、実際に戦国大名の古文書を読んでみたいという方は少なくありません。本書は、戦国大名の古文書を読みたいという人のための入門テキストです。

古文書の配列は初級から始まり、中級、上級と少しずつ難易度を上げています。まず、お手元に原稿用紙（ノートでも構いません）、鉛筆、消しゴムを用意してください。お持ちであれば、くずし字辞典も準備しましょう。次に、古文書の写真を見ながら、一文字ずつ原稿用紙に文字を書きとっていきます。わからない文字は、空欄で結構です（ノートの場合は、一文字分の四角（□）を記入してください）。その間、くずし字辞典で文字を調べていただいても構いません。

作業が一通り終わったら、解説を読みながら、答え合わせをしましょう。解説文には、解読の内容や間違えやすいポイントを書いています。こうして、最初から最後まで本書の古文書の写真を読んでください。きっと、古文書を読む力が少しずつつくはずです。最低でも、二回は本書の古文書を解読してください。繰り返すことが重要です。

「古文書を読むコツは？」と聞かれることがありますが、それは毎日少しずつでも繰り返し読むしかありません。外国語の勉強と同じです。文字のくずし方には一定のパターンがありますが、くずし方が大きくなると、理屈抜きで形を覚える必要があります。

くずし字だけでなく、活字になった戦国大名の古文書を読み、当時の言葉をたくさん知ることが重要です。戦国時代には、今では使われていない言葉がたくさんありました。くずし字そのものがわからなくても、当時の言葉を知っていれば、「あの字ではないか！」と勘が働いてきます。

活字の史料を読む場合、『〇〇県史』『〇〇市史』といった自治体史では、通史編だけでなく、だいたい一緒に史料編も刊行されています。史料編の中には、古文書の写真や読み下し文が付いているものもありますので、関心がある戦国大名の古文書を読んでみてもいいでしょう。

最後に、古文書は「くずし字を読んだらおしまい」というものではありません。古文書に出てくる地名や人名を地名辞典や人名辞典などで調べたりし、古文書の内容そのものの意味を読解（現代語訳）し、書かれていることを理解しなくては意味がありません。当時の言葉は難解ですが、面倒でも意味を国語辞典で調べてみましょう。

とにもかくにも、とりあえず古文書を読んでみましょう。なお、古文書を読む際の参考書の類を以下に挙げておきます。

くずし字辞典

児玉幸多編『くずし字用例辞典　普及版』（東京堂出版、一九九三年）

＊最も用例が豊富で便利。

古文書学

佐藤進一『新版　古文書学入門』（法政大学出版局、二〇〇三年）

＊古文書の様式などを知る上で、最高のテキスト。

国語辞典

『日本国語大辞典　第二版』（小学館、二〇〇三年）

『精選版　日本国語大辞典』（小学館、二〇〇六年）

＊『精選版　日本国語大辞典』は、インターネット（「コトバンク」https://kotobank.jp/）で利用できます。

古文書の写真

山本博文ほか編『戦国大名の古文書　東日本編』（柏書房、二〇一三年）

山本博文ほか編『戦国大名の古文書　西日本編』（柏書房、二〇一三年）

山本博文ほか編『織田信長の古文書』（柏書房、二〇一六年）

山本博文ほか編『豊臣秀吉の古文書』（柏書房、二〇一五年）

山本博文ほか編『徳川家康の古文書』（柏書房、二〇一五年）

＊全国各地の戦国大名や三人の天下人の古文書と釈文・解説を収録。

右に掲げたのは、代表的なものだけです。ほかにも多種多様なものがありますので、書店や図書館などで探してみてください。

目次

【中級編】

【上級編】

初級編

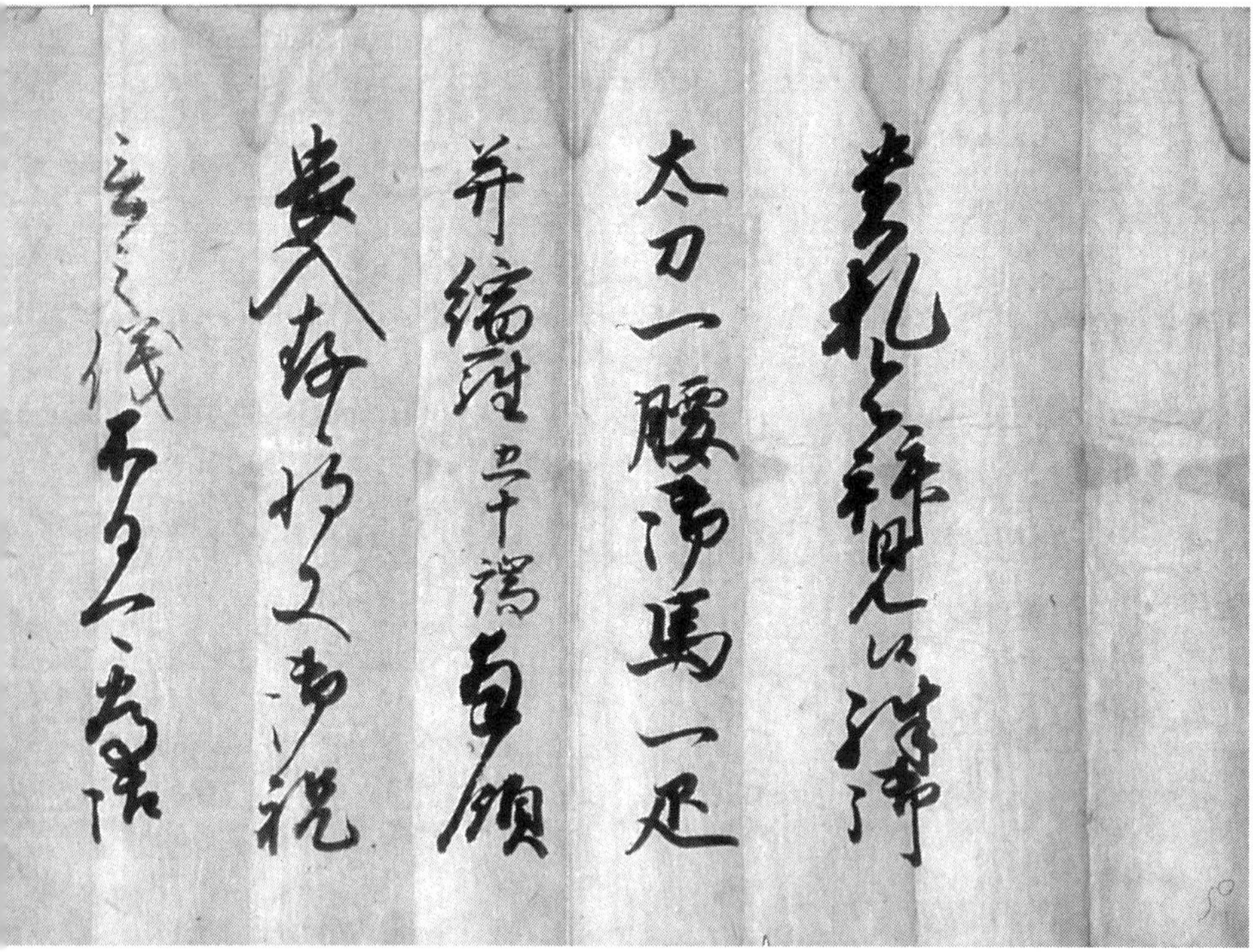

（天正12年）11月５日付け小早川隆景書状

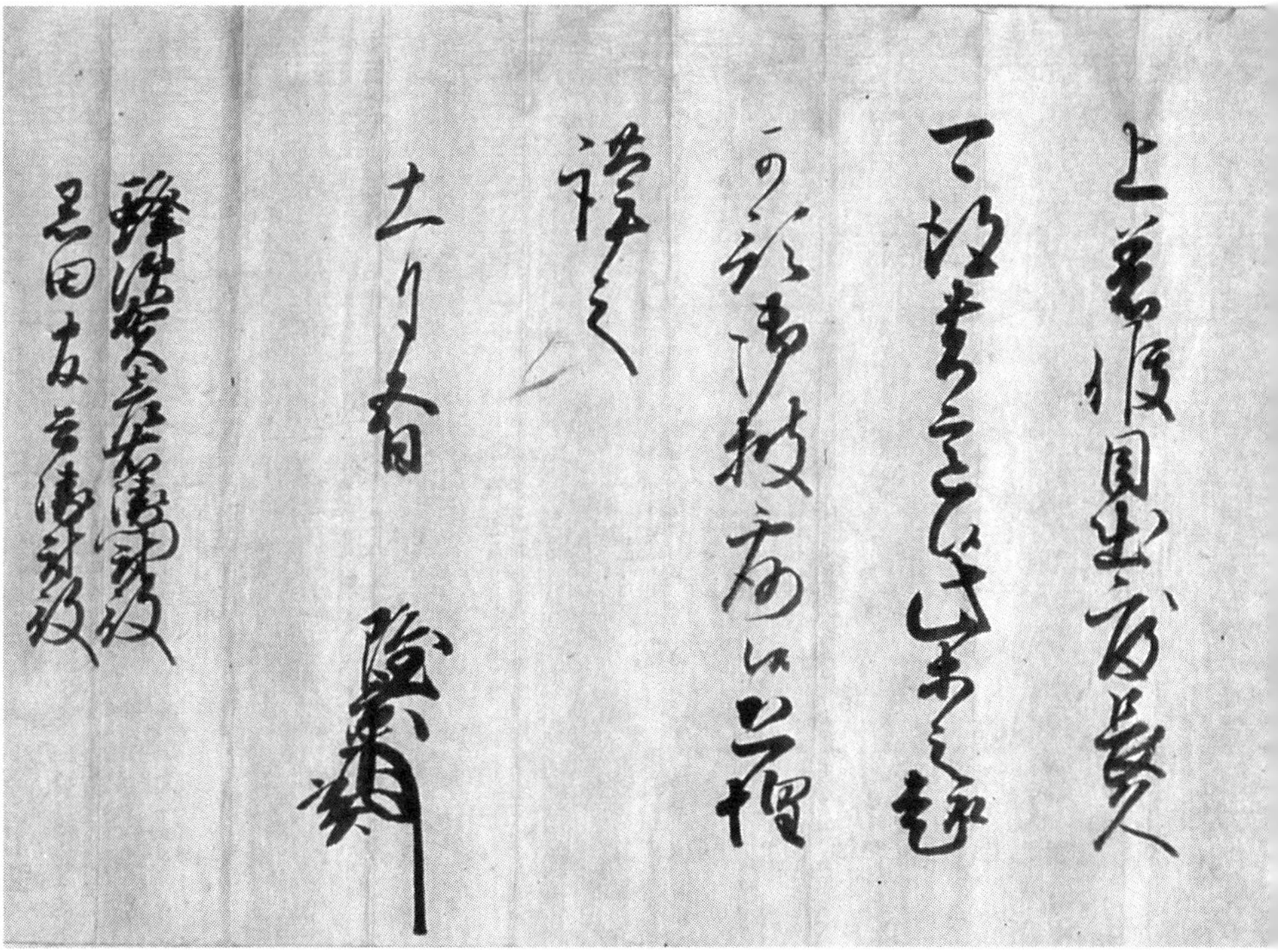

大阪城天守閣所蔵

（天正十二年）十一月五日付け小早川隆景書状

この書状は天正十二年（一五八四）に比定される小早川隆景のもので、宛先は羽柴秀吉家臣の蜂須賀正勝と黒田孝高です。

隆景は天文二年（一五三三）、毛利元就の三男として生まれました。幼名は徳寿丸。安芸国竹原庄（広島県竹原市）を本拠とする国衆竹原小早川氏の当主興景（妻は元就の兄興元の長女）の歿後、嗣子がなかったため、天文十三年（一五四四）、徳寿丸が養子として迎えられ、その後、小早川隆景と名乗りました。一方、安芸国沼田庄（広島県三原市）を本拠とする国衆沼田小早川氏においても、当主正平が大内義隆の出雲遠征に従軍した際に戦歿し、その嫡子繁平も眼疾だったとされます。このため、隆景が正平の娘（問田大方）と婚姻して、天文二十年（一五五一）、沼田小早川氏も相続しました。以後、隆景は兄吉川元春と共に、各地を転戦したほか、元就の歿後には、毛利氏の家政中枢にも参画しました。他方、早くから織田信長や羽柴秀吉との外交窓口になるなど、上方方面の情勢にも詳しく、本能寺の変後以降の秀吉との講和交渉においても中心的な役割を担っていました。

蜂須賀正勝は、84・85頁の毛利輝元書状の宛先である蜂須賀家政の父です。蜂須賀氏は尾張国海東郡蜂須賀郷（愛知県あま市）を本拠とした国人領主で、正勝は永禄九年（一五六六）の美濃国墨俣城（岐阜県大垣市）普請の頃から、秀吉に仕え始めたと考えられます。黒田孝高は、播磨国姫路（兵庫県姫路市）を拠点として小寺氏に従った黒田職隆の子でしたが、小寺氏が織田政権から離反したのち、秀吉に従うようになっています。毛利氏との講和交渉における秀吉側の窓口は、正勝と孝高の両名でした。

毛利・羽柴講和交渉は山崎の戦いのあと、天正十一年（一五八三）の賤ヶ岳の戦い、同十二年（一五八四）の小牧・長久手の戦いの間も継続していましたが、国境画定をめぐって、境目に位置する毛利方領主層の抵抗が激しく、容易に決着していませんでした。そのような過程を経て発給されたのが、この書状です。

①

ここは、「貴札令拝見候」と読みます。

返信書状の書き出しとしては、「貴札」のほか、「貴書」「御書」「御状」「御札」「芳札」「御折紙」「御音信」などが用いられます。ここでの「貴札」は、蜂須賀・黒田の発した書状を指します。「拝見」は「見る」の謙譲語、「令」は謙譲動詞に続くことによって、尊敬の意を強める機能を果たしています。このような尊敬表現を覚えておくと、一見では判読できなかった文字も、発給者と受給者との関係や、その時点における背景を見

ることによって判読できます。なお、ここでの「拝」は旧字体「拜」のくずし字です。が、古文書を読む上で必ず覚えておかなければならない「候」の形です。本書状には、全部で三つ出てきます。

「貴札令拝見候」、つまり「貴札拝見せしめ候」とは「あなた様からのご書状を拝見いたしました」という文意になります。

②

ここは、「殊御太刀一腰・御馬一疋幷縮羅五十端拝領、畏入存候」と読みます。「太刀」や「馬」に・「御」が付されています。これは、羽柴氏から隆景に対する贈答品であるため、尊敬表現として付されたものです。「太刀」や「馬」と比べると、「縮羅」が贈られるケースは多くありませんので、難読かもしれません。「縮羅」は「しじら」と読み、張力を異にした糸を用いて平織にし、緩くした糸を縮ませて仕上げたもので、布の表面が波状になる縮織の一種です。「縮」は部首の「いとへん」と、右側の「宿」に分けて読むと、判読できるのではないでしょうか。また、縮羅の単位が「端」であることを覚えておくと、「端」が読めれば「縮羅」を判読できます。なお、「端」の旁を構成する「山」と「而」の二つが、しっかりと書かれています。

「拝領」の「拝」のくずしは、このように「てへん」が左上に書かれた場合、次行の「存」のくずしと似た形になることがあります。この箇所では、「存」の止めが明瞭な横棒となっていますので区別できるでしょう。判読できない場合は、贈答品を受領したことを示す表現として、「拝領」のほか「拝受」「頂戴」「送給」といった語句が用いられることを手掛かりにするとよいです。なお、①で見た「拝」が大きくくずれるとのようになりますので注意してください。

「畏入」は、「恐れ多いこと」を意味します。「恐入」という表現も用いられますが、「存」を伴う場合は、「恐入存」より「畏入存」のほうを用いることが多いです。「存」から続けて書かれた、この点のようなは何でしょうか。実は、これも「候」なのです。①で見た同様に、この形の「候」も古文書には頻出します。本書に収録した様々な書状に登場しますので、ぜひ覚えておいてください。

「殊御太刀一腰・御馬一疋幷縮羅五十端拝領、畏入存候」、つまり「殊に御太刀一腰・御馬一疋ならびに縮羅五十端拝領、畏み（畏れ）入り存じ候」とは、「その上、太刀一腰・馬一疋に加えて、しじら五十端をいただき、恐れ多く思います」という文意になります。

③ 

ここは、「将又御祝言之儀」と読みます。

「将又（はたまた）」の「将」のくずし字は、「得」と似た形になることもあります。この文書中では後ろの⑤に「得」が出てきますが、この「得」と比べると、「将」の左側も「得」の「ぎょうにんべん」も、縦棒の真ん中あたりに横棒が入っています。しかし、前者は斜め上向きで右側に続いていますが、後者は斜め下向きで右側とは続かないケースが多いという特徴があります。なお、「将」が大きくくずれた形がですので、覚えておくとよいでしょう。

「御祝言」の「言」は、後ろの⑦にも出てくる書止文言「恐々謹言」として頻出する文字ですが、書止の場合、かなり簡略化されることが多く、⑦の「言」とこの箇所の「言」は同じ文字には見えません。この箇所ではむしろ「意」と誤読するかもしれません。この書状中では、⑤に「意」が出てきます。二つの文字を比べてみると、「言」の止めは左から右斜め下へ直線的に書かれていますが、「意」の止めは円弧を描くように書かれています。このような相違点を参考にしましょう。

なお、この「祝言」とは、秀吉の養子だった於次秀勝（おつぎひでかつ）（織田信長の四男）と、輝元の養女（輝

元の母尾崎局の弟内藤元種（ないとうもとたね）娘）との縁組のことです。

「将又御祝言之儀」、つまり「はたまた御祝言の儀」とは「また、（秀勝と輝元養女との）縁組について」という文意になります。

④ 

ここは、「不日可為御上着候」と読みます。

「不日」は「ふじつ」と読み、「近いうちに」という意味です。「不」は「不可有（あるべからず）」などで用いられる頻出の文字ですが、通常は平仮名の「ふ」と同じ形でくずされることが多いです。「日」は日付として、ほとんどの文書に見られますが、この書状の日付に書かれた「日」は、あまりくずれていません。大きくくずれると、点のように省略して書かれることがあります。

「可為御上着」は、「御上着」を先に読み、「為」、「可」と順次返って読みます。「可」は頻出しますので、ぜひ覚えましょう。④の中では「着」が難読かもしれません。「着」の部首は「羊」です。似たくずし字として「差」がありますが、「差」の下は「エ」、「着」の下は「目」ですので、この部分のくずし方で見分けることが可能です。なお、ここでの「上着」とは、「上方方面へ向かう」という意味です。には、きれいな「にんべん」が書かれており、さらに「にんべん」の右側には縦棒があります。この形からは「候」だと判読できます。

「不日可為御上着候」、つまり「不日御上着たるべく候」とは「近いうちに、(輝元養女は)そちらへ上られるでしょう」という文意になります。

⑤

ここは、「目出度長久、可得貴意候」と読みます。「目出度長久」は、比較的読みやすいのではないでしょうか。「度」には、きれいな「まだれ」が書かれています。

「可得貴意」は、「貴意」を先に読み、「得」、「可」と順次返って読みます。「可」は④で見た「可」が横棒と点が離れているのに対し、横棒と点が繋がっていることに注意してください。どちらの形も頻出します。

「意」は、現在の楷書体と形が異なるこのくずし方をぜひ覚えてください。「得」にはいくつかの大事なくずし方がありますが、この形はその一つです。は、①で見たと同じ「候」ですが、上の「意」から続けて書かれていて、かつ墨が途切れている箇所があるので、違う文字に見えたかもしれません。

「目出度長久、可得貴意候」、つまり「めでたく長久、貴意を得べく候」とは、直訳すると「おめでたいことで、末長くあなたのお考えを聞きします」となりますが、後半部は「（毛利氏と羽柴氏は）末長く友好関係を維持していきましょう」という文意です。

⑥ 

ここは、「此等之趣、可預御披露候」と読みます。「此」も「等」も頻出文字ですが、いずれも楷書体とはかなり異なる形のくずし字になることが多いです。どちらも、このくずし方が典型的なものですので、覚えておきましょう。とりわけ、「等」は④「不日」の「不」や「木」との区別できるように気をつけてください。「趣」は、部首の「そうにょう」にあたる「走」と右側の「取」に分解すれば判読できると思います。

「可預御披露」は、「御披露」から先に読み、「預」、「可」と順次返って読みます。「露」のくずし字は難読です。部首の「あめかんむり」にあたる「雨」も、下の部分「路」も、ここでは明瞭でありません。「披露」という熟語は頻出しますので、「披」とセットで覚えてしまいましょう。「預」の部首「おおがい」は、この形が典型的なものですので、必ず覚えてください。「可」は、

④の「可」、⑤の「可」と異なりますが、この形も頻出します。最後は、本書状で三回目の「候」です。

「此等之趣、可預御披露候」、つまり「これらの趣、御披露に預かるべく候」とは「この書状の内容について、（秀吉へ）ご披露くださるようにお願いします」という文意となります。

⑦ 

ここは、「恐惶謹言」と読みます。

「恐惶謹言（きょうこうきんげん）」は、「恐々謹言（きょうきょうきんげん）」に比べて、宛先の人物を敬う場合に用いられる書止文言です。

84・85頁の書状と同じ日付で、毛利輝元は蜂須賀正勝に対しても書状を発していますが、その書止文言は「恐々謹言」です。天正十年（一五八二）に比定される七月二十三日付けの書状で、隆景が正勝の子家政に対して発した書状の書止文言も「恐々謹言」です。発給者と受給者の地位差によって書止文言は定まりますが、両者の力関係の変化によって、書止文言が変化することもあります。それが年次比定の参考にもなります。

最後に、日付は「十一月五日」、差出人は「隆景（花押）」、宛名

は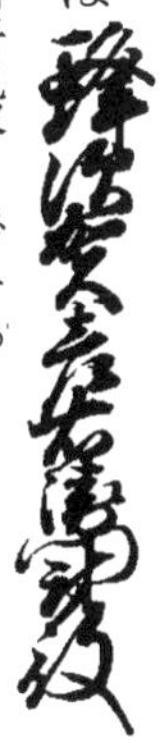「蜂須賀彦右衛門尉殿」と「黒田官兵衛尉殿」です。

〔**釈文**〕

貴札令拝見候、殊御」太刀一腰・御馬一疋」幷縮羅五十端拝領」畏入存候、将又御祝」言之儀、不日可為御」上着候、目出度長久」可得貴意候、此等之趣」可預御披露候、恐惶」謹言、」

十一月五日　隆景（花押）

蜂須賀彦右衛門尉殿

黒田官兵衛尉殿

〔**読み下し文**〕

貴札拝見せしめ候、殊に御太刀一腰・御馬一疋ならびに縮羅五十端拝領、畏み入り存じ候、はたまた御祝言の儀、不日御上着たるべく候、めでたく長久、貴意を得べく候、これらの趣、御披露に預かるべく候、恐惶謹言、

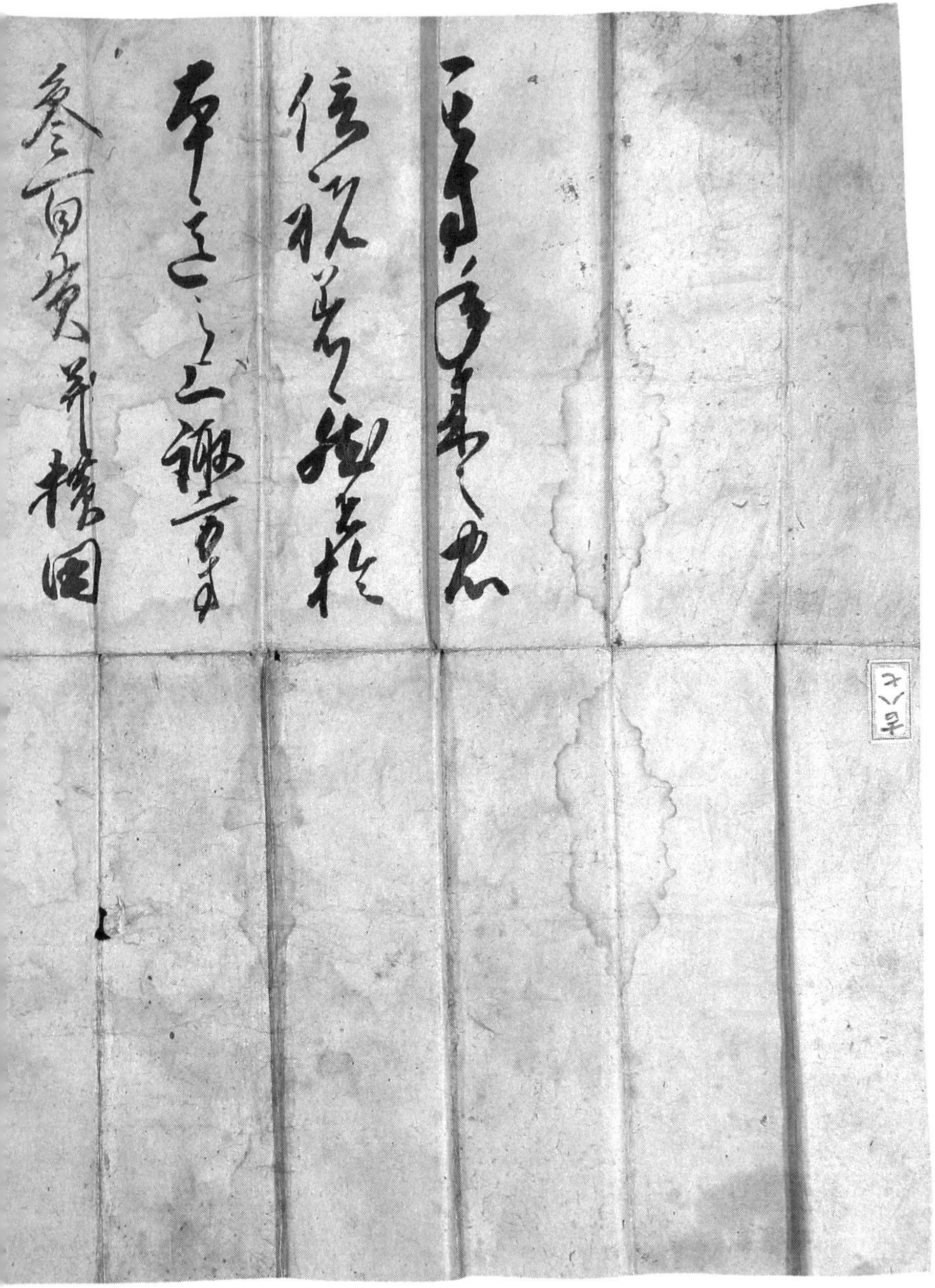

天文19年７月２日付け武田信玄判物

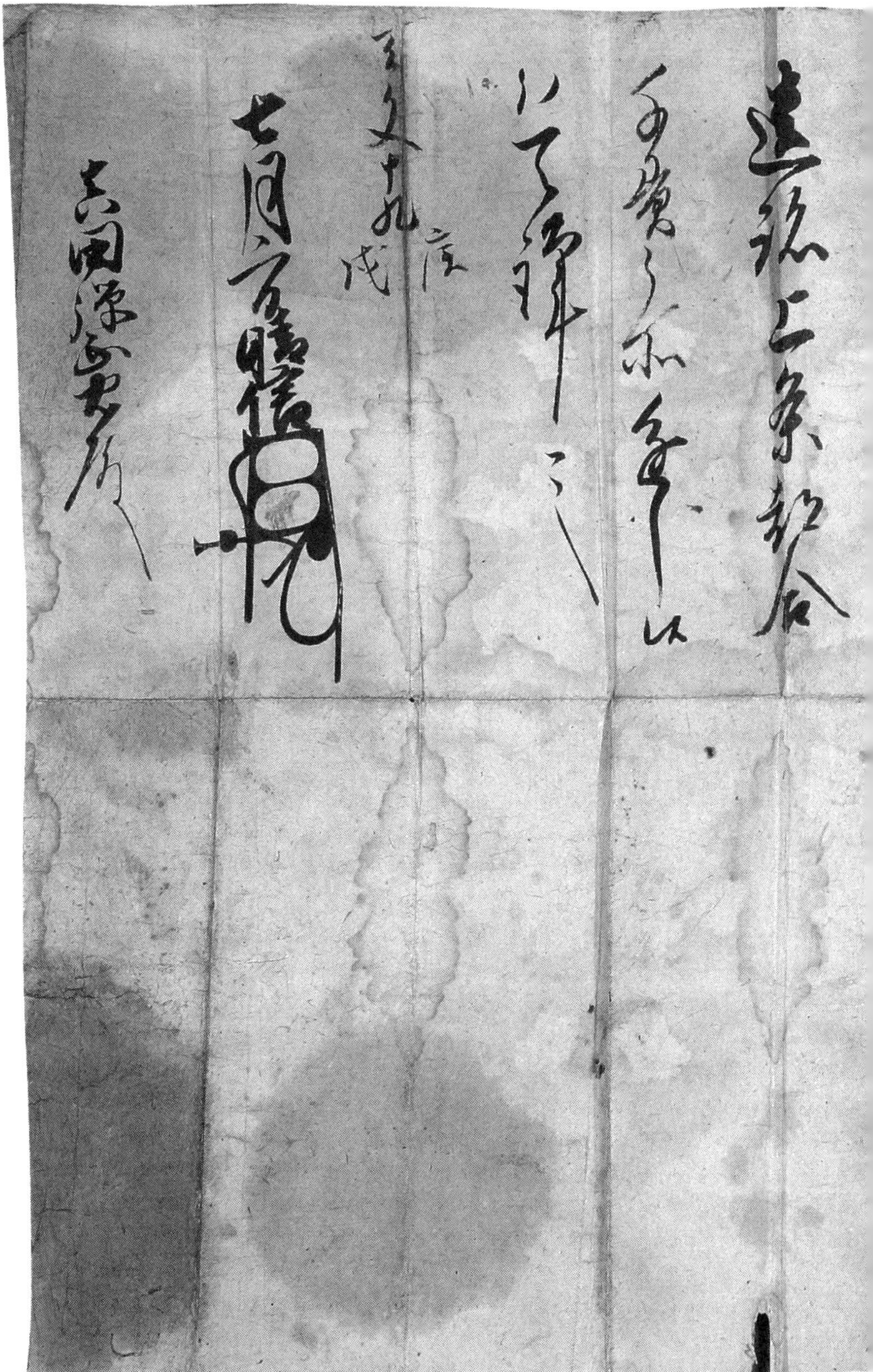
遺跡上条都合
千貫之所進之候
恐々謹言
天文十九　庚戌
七月二日　晴信（花押）
真田弾正忠殿

真田宝物館所蔵

◆天文十九年七月二日付け武田信玄判物

この判物は、風林火山で有名な武田信玄のものです。差出人の「晴信」とは、信玄が出家する前の実名です。「晴」の字は、室町幕府十二代将軍足利義晴から、実名の一字を与えられて名乗ったものです。甲斐武田氏の当主武田信虎の子として誕生した信玄ですが、天文十年（一五四一）六月に父を駿河国に追放して家督を継ぎました。「信玄」を名乗った時期については、永禄元年（一五五八）末頃と考えられています。

宛先の「真田弾正忠」は真田幸綱で、「弾正忠」は官途です。彼の三男が昌幸で、その子である信之と信繁（幸村）は孫にあたります。真田氏は、古代の豪族滋野氏の末裔である海野氏の一族で、信濃国小県郡真田郷（長野県上田市）を発祥の地としました。

①

ここは「其方年来之忠信、祝着候」と読みます。

は「其方」です。二つの文字が続けて書かれているため、一字のようにも見えますが、が「其」、が「方」です。「其方」とは宛先の真田幸綱を指しています。

は「年来」です。「年」は「手」と似たくずし字になります。「年」も「来」も典型的な形をしていますので、覚えましょう。は「之」で、古文書に頻出する文字です。しばしば省略して書かれるため、「々」や「候」のように見えることもあります。「忠信（ちゅうしん）」の「忠」は、この形が典型例で、の部分が「したごころ」です。「中」と「心」を繋げて書くのが一般的です。「信」は、きれいな「にんべん」と「言」のくずし字が書かれています。「忠信」とは、「忠義」と「信実」の略で、「真心を尽くして、偽りのないこと」という意味になります。

は「祝着（しゅうちゃく）」。きれいな「しめすへん」が書かれています。「着」は、この形が典型例ですので、ぜひ覚えてください。「祝着」とは「喜び祝う、うれしく思う」などの意味があります。「着」から下に伸びたの部分が「候」です。この形の「候」が本書に収録した古文書に頻出しますので、必ず覚えましょう。

「其方年来之忠信、祝着候」、つまり「そのほう年来の忠信、祝着に候」とは、「幸綱のこれまでの忠信について、（晴信は）うれしく思っている」という文意になります。

②

ここは「然者於本意之上」と読みます。

が「然者」です。楷書体と異なるが「然」の典型的な形で、古文書に頻出します。「者」にはいくつものくずし方があり、これはその一つです。一般的な読みは「もの」と「しゃ」ですが、ここでは助詞の「は」「ば」と読みます。それゆえ「然らば」と読み、意味は「それならば、それでは、そうであるならば」となります。

次の「於本意之上」は、「本意之上」を先に読み、も、「於」に返って「本意の上に於いて」と読みます。「本意」の「意」も、楷書体と全く違う形をしています。①で見た「忠」の「したごころ」とは異なり、の部分が「したごころ」です。どちらも「したごころ」の典型的なくずし方です。「之」は①にも出ていますが、読めたでしょうか。「上」は何とか読めそうです。「於」は典型的な形で書かれています。「本意」とは「まことの心、本心」というのが本来の意味ですが、ここでは「本望（もとからの望み、心からの希望）」という意味が相当します。「然者、於本意之上」、つまり「然らば本意の上において」とは「そうであるならば、（晴信が）本望を遂げた上で」という文意になります。

③ 

ここは「諏方方参百貫幷横田遺跡上条」と読みます。

「諏方方」は地名で、現在の長野県上田市諏訪形（すわがた）と考えられます。「諏方」の「方」は、本来は「訪」ですが、「ごんべん」を省略して書いています。二つ目の「方」は、①の「方」と形が同じです。ここも、本来「形」と書くところを「方」と書いています。

「参百貫」は土地の面積を示していますが、当時は金銭を数える際の単位である貫高を使用していたことから、税金を貨幣で徴収していたと考えられています。「参」も「百」も楷書体に近いですが、「貫」が難しかったかもしれません。が部首の「貝」で、この形が典型例です。「幷」は一字で「ならびに」と読み、前後の語句を並列する際に「○と○」という意味で使用されます。また、ほかの文字よりも小さく右側に寄せて書かれることが多いのが特徴です。

次の「横田」は、武田氏の家臣横田高松と考えられます。「横」も「田」も楷書体に近いので読めたのではないでしょうか。は「遺跡」です。「遺」は、きれいな「しんにょう」が書かれています。「跡」が難読で、偏も旁も楷書体とは全く異なる形をしています。ここでは「あしへん」が「ごんべん」と同じ形になるということを覚えておきましょう。すなわち「横田遺跡」は、「横田高松の遺領」という意味になります。「上条」も地名と考えられますが、具体的な場所は不明です。

「諏方方参百貫幷横田遺跡上条」、つまり「諏方方（訪形）参百貫ならびに横田遺跡上条」とは、「諏訪形三百貫と横田高松の遺領である上条」という文意になります。

④ 

ここは「都合千貫之所、進之候」と読みます。

「都合」は、「合計」という意味ですが、「都」の旁「おおざと」は、この形を覚えてください。「千」は、この形が典型例です。「之」は①と②で見たものと異なり、平仮名「う」のようにくずれています。「所」には、いくつかのくずし方がありますが、このは頻出する形です。「進」は、この「しんにょう」の形を覚えておけば、「しんにょう」が部首の漢字はだいたい読めます。ここでの「進」の読み方は「まいらす」で、「与える、差し上げる」という意味になります。「候」は、①で見たと形が異なりますが、この形が最も頻出する「候」ですので、必ず覚えてください。「都合千貫之所、進之候」、つまり「都合千貫の所、これを進らせ候」とは「合計千貫文の土地を与える」という文意になります。千貫文の土地は、当時としては広大な面積です。

⑤ 

「恐々謹言（きょうきょうきんげん）」は、文書の書止文言として典型的なものです。かなり文字がくずれていますが、形ごと覚えてください。このあとにも、たくさん出てきます。

最後に、は「天文十九庚戌」、日付は「七月二日」、差出人は「晴信（花押）」、宛名は「真田弾正忠殿」です。この判物は、晴信が幸綱に対して今までの忠信を称賛して、晴信の本意が遂げられたら、諏訪形三百貫と横田高松の遺領である上条七百貫を与えることを約束した、知行宛行約束の判物であることがわかります。

〔釈文〕

其方年来之忠」信、祝着候、然者於」本意之上、諏方（訪）方（形）」参百貫并横田」遺跡上条、
都合」千貫之所、進之候」、恐々謹言、」
天文十九庚戌
七月二日　晴信（花押）
真田弾正忠殿

〔読み下し文〕

そのほう年来の忠信、祝着に候、然らば本意の上において、諏方（訪）方（形）参百貫ならびに横田遺跡
上条、都合千貫の所、これを進らせ候、恐々謹言、

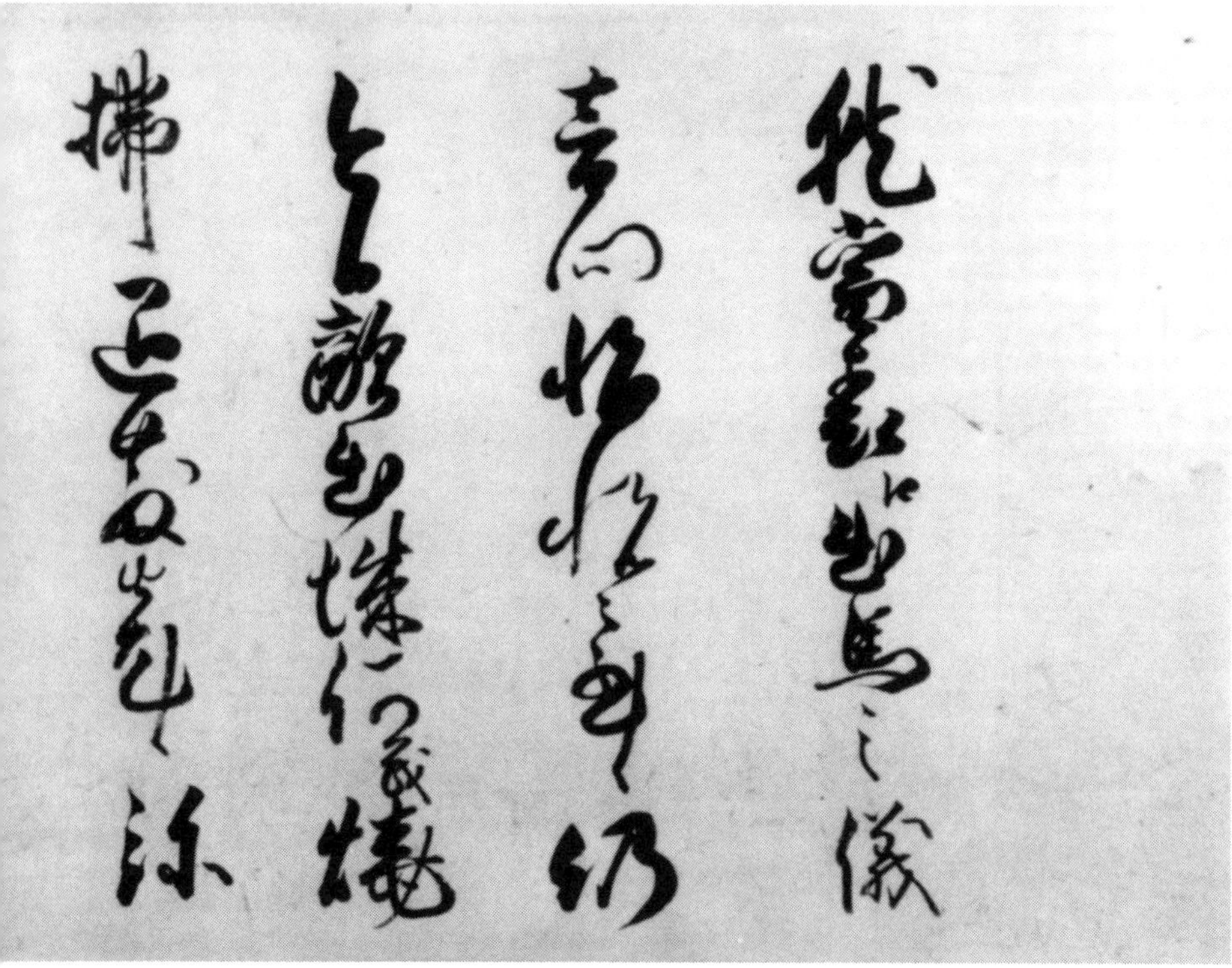

（元亀元年）５月18日付け朝倉義景書状

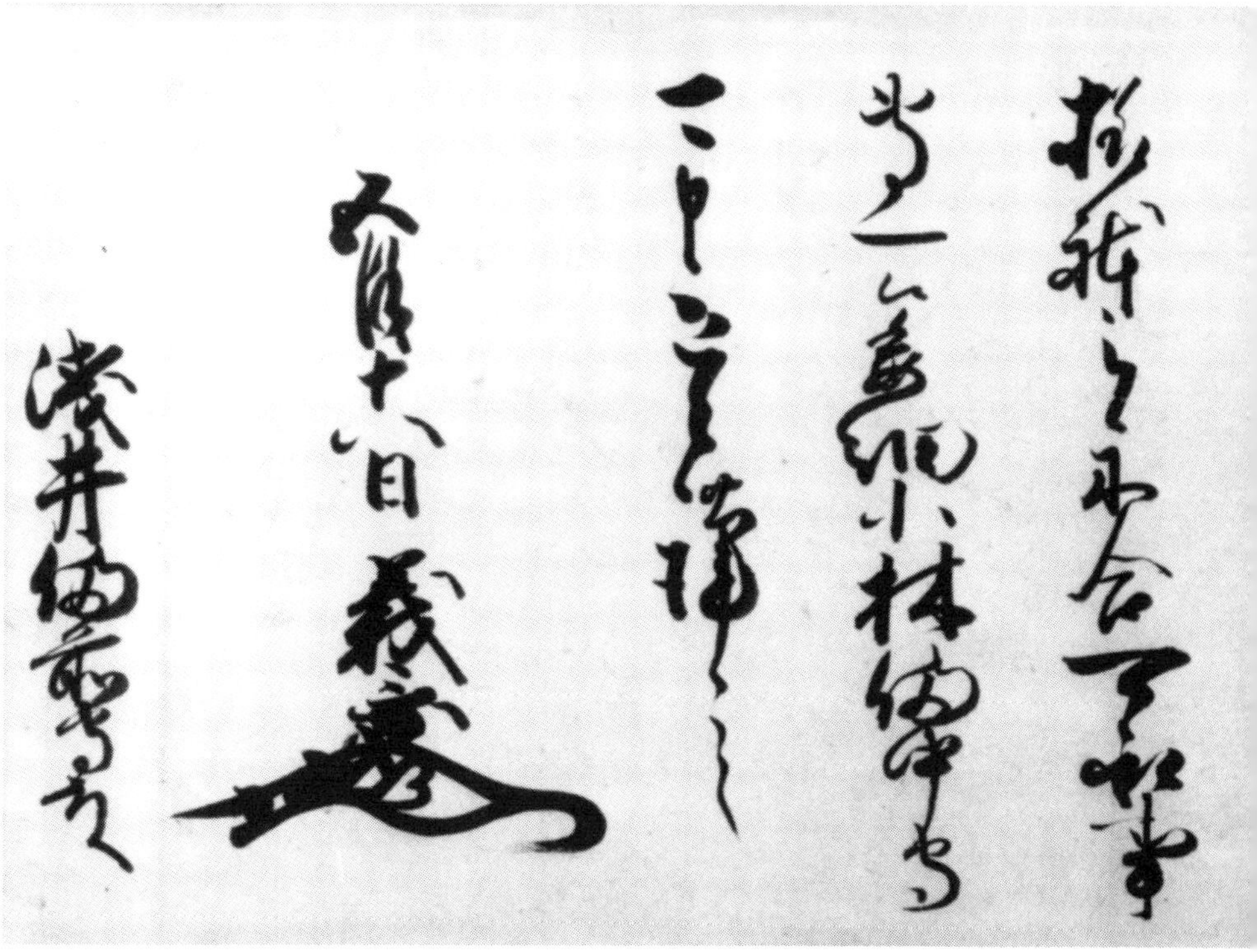

大阪城天守閣所蔵

（元亀元年）五月十八日付け朝倉義景書状

この書状は、元亀元年（一五七〇）に比定される朝倉義景（あさくらよしかげ）のもので、宛先は北近江の戦国大名浅井長政（あざいながまさ）です。義景は、天文二年（一五三三）に孝景（たかかげ）の子として誕生しました。のちに織田信長と対立し、元亀元年の姉川の戦いでは、浅井氏と共に織田・徳川連合軍と対決して敗北。天正元年（一五七三）に信長によって滅ぼされました。

長政は、天文十四年（一五四五）に久政（ひさまさ）の子として誕生しました。長政は信長の妹を妻に娶（めと）り、やがて信長と共に近江六角（ろっかく）氏の放逐に成功、北近江を支配しました。しかし、のちに朝倉義景と結び、信長と対立します。天正元年、長政は居城の小谷城（おだにじょう）（滋賀県長浜市）を信長に攻められ、自害しました。

①

ここは「就当表江出馬之儀、音問怡悦之至候」と読みます。

「就」は、「〇〇について」という意味です。「当」は、旧字体の「當」と書かれていますが、文字を起こす際は新字体の「当」で構いません。「表」は、「面」と同義の言葉で、その方向の土地・地方を表します。この場合の「表」は、長政の本拠の北近江

になります。なお、義景も北近江に出陣していたので、「当表」は越前ではなく、北近江を示します。「江」は助詞で、平仮名の「へ」と同義です。助詞であることを明確にするため、右にずらして小さく書きます。「出馬」とは「出陣」のことで、長政が出陣することです。「之儀」というのは、「のこと」という意になります。いったん「当」から「儀」まで読んで、「就」に返ります。

続く「音問」（いんもん、おんもん）は、「便り」のことです。同義の「音信」（いんしん、おんしん）を使う場合もあります。「問」を「向」と誤読しないようにしてください。「怡悦（いえつ）」には、「非常な喜び」の意味があります。どちらもきれいな「りっしんべん」が書かれています。「之」は、前行の「之」と違って、「々」に似ているので注意してください。「至」は、「玉」のように見えるのが特徴です。小さな点のような「候」も見落とさないでください。

「就当表江出馬之儀、音問怡悦之至候」、つまり「当表へ出馬の儀に就き、音問怡悦の至りに候」とは、「当表（北近江）へ（長政が）出馬することについて、便りをいただいたことは非常な喜びの至りです」という文意になります。

②

ここは「仍今日敵出城何茂焼払、退散由尤候」と読みます。

「仍（よって）」は接続詞で、「ゆえに」といった意味があります。「今日」の日付は、書状が発給された五月十六日です。「今」は形ごと覚えてしまいましょう。

「敵出城」は、敵＝織田方の出城（でじろ）を指します。「出城」とは、本城以外に国境などの重要な場所に築いた城のことで、出丸（でまる）や枝城（えだじろ）とも言います。残念ながら、この出城が具体的にどこにあったのかは不明です。「城」の旁「成」の形に注意しましょう。

「何茂」は、「いずれも」と読みます。「茂」は助詞で、平仮名の「も」と同義です。①の「江」と同様、少し右脇に小さく書きます。「焼払」の「払」は、旧字体の「拂」と書かれていますが、文字を起こす時は新字体の「払」で結構です。

「退散」の「退」の部首は、「しんにょう」のくずし方の典型例ですので覚えましょう。「由」は少しわかりづらいかもしれません。「尤」は、右上の点がそのまま下の「候」に繋がっているので注意してください。

「仍今日敵出城何茂焼払、退散由尤候」、つまり「仍て今日敵の出城いずれも焼き払い、退散の由尤もに候」とは、「ゆえに、今日敵（＝織田方）の出城をいずれも焼き払い、退散させたとのことはもっともなことです」という文意になります。

③

ここは「弥様躰被示合可承事、専一候」と読みます。

「弥（いよいよ）」の偏は「さんずい」に見えますが、「ゆみへん」ですので注意してください。

「様躰」は「ようてい」と読み、「状態。状況」を意味します。「躰」は、「体」の俗字体にあたる「躰」で、「体」よりも古文書にはよく出てきます。

「被」は、平仮名の「ら」のような典型的なくずし方です。「示合」の「示」は、カタカナの「ホ」のようにくずれる「等」の異体字にも見えますが、「被」の字から繋がって、点があることに注意してください。この点は、「候」のようにも見えますが、そうではありません。

「可承事」の「可」は、カタカナの「マ」のようにくずしています。本文は、「示合」から「被」に返り、さらに「承」から「可」に返って最後は「事」の順で読みます。

「示合」には、「相談する」という意味があります。

「専一候」の「専」は、典型的な「専」のくずし字です。「専一」には、「第一であること」の意があります。「候」は、点のようなくずし方が多いですが、このようにアルファベットの「N」を上下にひっくり返して、横に平べったくしたくずし方もあります。

「弥様躰被示合可承事、専一候」、つまり「いよいよ様躰を示し合わされ、承るべき事、専一に候」とは、「いよいよ（互いに）状況を相談し、（命令や作戦を）承ることが第一です」という文意になります。義景は長政に対して、連絡を密にして、信長に対抗することを要望しているのです。

④ 

ここは「委細小林備中守可申候、恐々謹言」と読みます。「委細」は、「詳しいこと」の意です。「小林備中守」とは朝倉氏の家臣で、実名を吉長といいます。小林備中守は、この書状を携えて、長政のもとへ向かいました。詳しいことは、小林備中守が口頭で説明するわけです。なお、「守」の字は、③の「専」に似ているので注意してください。「可」はカタカナの「マ」のようなくずし方ではなく、「一」と「、」に分かれています。また、「申」の先に繫がった、点のような「候」を見落とさないでください。ここは、先に「申」を読み、次に「可」に返り、「候」に戻ります。

「委細小林備中守可申候、恐々謹言」、つまり「委細は小林備中守申すべく候、恐々謹言」とは、「なお、委細（詳しいこと）は、小林備中守が申し上げます。恐々謹言」という文意になります。

最後に、日付は「五月十八日」、差出人は「義景」（花押）、宛名は「浅井備前守殿」です。

〔**釈文**〕

就当表江出馬之儀、」音問怡悦之至候、仍」今日敵出城何茂焼」払、退散由尤候、弥」様体被示合可承事、」専一候、委細小林備中守」可申候、恐々謹言、」

五月十八日　義景（花押）

浅井備前守殿

〔**読み下し文**〕

当表へ出馬の儀に就き、音問怡悦の至りに候、仍て今日敵の出城いずれも焼き払い、退散の由尤もに候、いよいよ様躰を示し合わされ、承るべき事、専一に候、委細は小林備中守申すべく候、恐々謹言、

（永禄10年ヵ） 8月29日付け大友宗麟書状

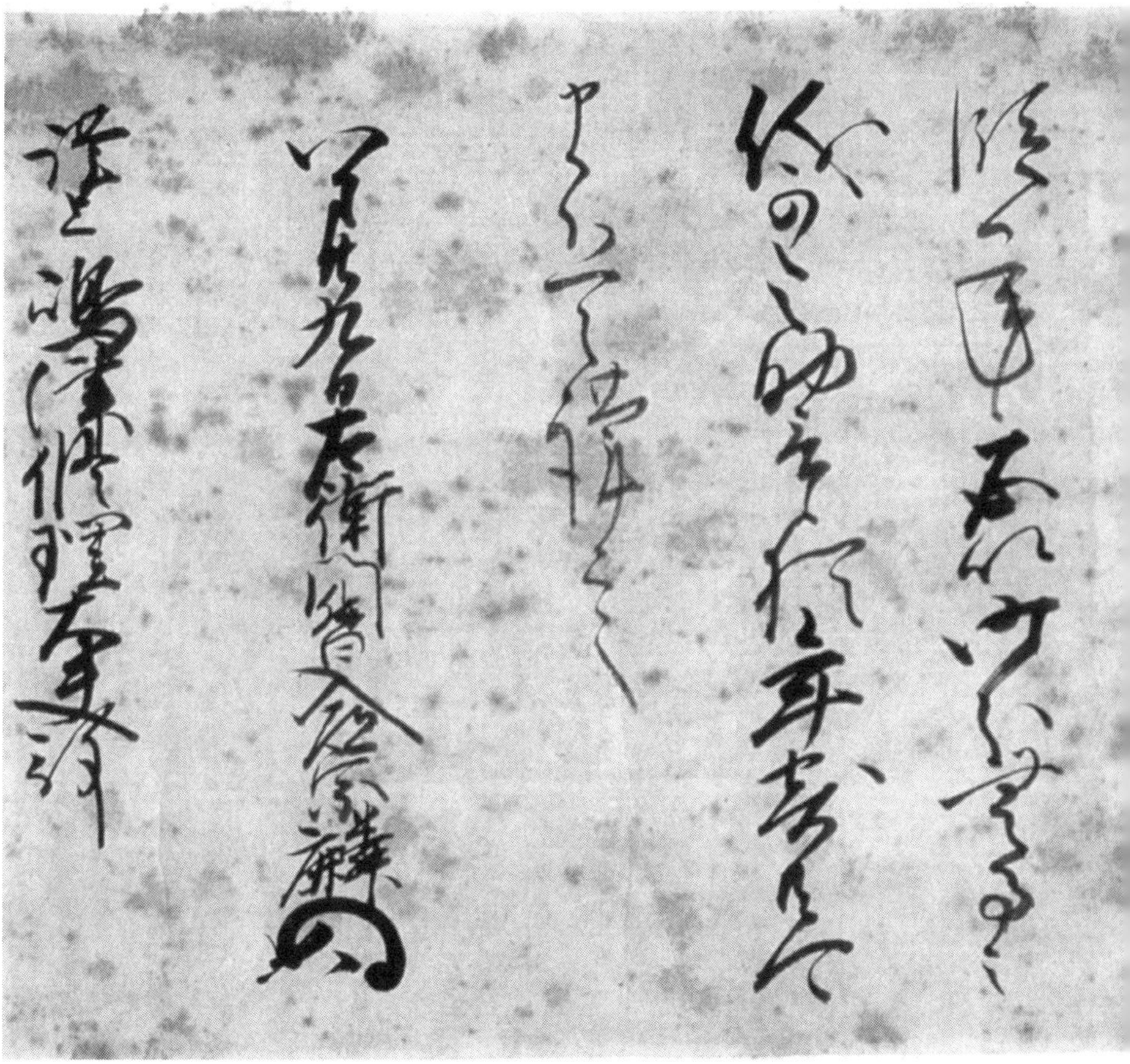

東京大学史料編纂所所蔵

（永禄十年カ）八月二十九日付け大友宗麟書状

この書状は、永禄十年（一五六八）頃と推定される大友宗麟(おおともそうりん)のもので、宛先は薩摩国の戦国大名島津義久(しまづよしひさ)です。宗麟は、享禄三年（一五三〇）、義鑑(よしあき)の子として生まれました。幼名は塩法師丸、実名(じつみょう)は義鎮(よししげ)です。天文十九年（一五五〇）、父義鑑が家臣らの襲撃を受けて死去したために家督を相続し、大友氏二十一代当主の座に就任しました。その後、永禄五年（一五六二）には、出家して「休庵宗麟」と名乗ることになったので、「入道宗麟」と署名するこの書状は、それ以降のものであると考えられます。

また、来日中のフランシスコ・ザビエルと接してキリスト教を保護し、自らも天正六年（一五七八）に受洗して「ドン・フランシスコ」の洗礼名を受けました。領内にはポルトガル船の来航もあり、朝鮮貿易も行いました。天正十年（一五八二）には肥前国の大村(おおむら)氏、有馬(ありま)氏と共に天正遣欧使節をローマ法王のもとへ派遣しています。

宗麟は、九州六ヶ国（豊後・豊前・筑前・筑後・肥前・肥後）を手中に収めて、大友氏の最盛期をもたらしました。天正十四年（一五八六）、島津勢が豊後へ進攻するに及んで、宗麟自ら大坂城に赴き、豊臣秀吉の救援を求めることになりました。翌十五年（一五八七）、秀吉の九州征伐が行われ、大友氏の所領は息子の義統(よしむね)に豊後を、宗麟に日向を与える旨が伝えられましたが、宗麟はこれを辞退し、同年五月、津久見（つくみ）（大分県津久見市）で病死しました。

①

ここは「寔其後無音相過候之処」と読みます。「寔」は一字で「まことに」と読みます。「誠」「実」などを用いることもありますが、古文書には「寔」も出てきますので、覚えておきましょう。は「其後」。は「其」の典型的な形です。は「にんべん」「ぎょうにんべん」「さんずい」の場合がありますが、旁の形から判断して「後」を導き出しましょう。

「無音（ぶいん）」とは、「久しく便りをしないこと。音信が途絶えること」の意です。「無」は、この形が頻出します。は「相過候」。は「相」の典型的な形ですので、必ず覚えてください。「過」の部分が「しんにょう」です。点のようになる「候」を見落とさないようにしましょう。最後の「処」は、旧字体の「處」をくずしたものが用いられており、この形が典型例です。

「寔其後無音相過候之処」、つまり「寔にその後、無音相過ぎ候の処」とは「本当にその後は便りが途絶え、時間が過ぎ去ってしまっていたところ」という文意になります。

②

ここは「御音問祝着候」と読みます。

「御」には様々なくずし方があり、古文書に頻出しますが、この書状では、この箇所だけに出てきます。続く「音問」とは、「便りを出したり、また来訪すること。書状のこと」です。「音」は①にも出てきました。「問」は「向」と酷似していますので、仮に「御音問」「御音向」とした場合に、どちらが熟語として正しいかを判断すれば答えがわかります。「祝着」とは、「喜び祝うこと。満足に思うこと」の意で、多くは書状や挨拶などで用います。時代劇でも「祝着至極に存じます」という台詞がよく出てきます。はきれいな「しめすへん」が書かれています。ここでは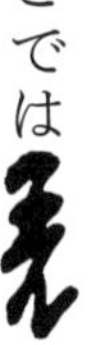「着」が難読ですが、「祝」の熟語と考えて「祝着」を導き出しましょう。「着」から伸びたが「候」です。見落とさないように注意してください。

「御音問祝着候」、つまり「御音問祝着に候」とは「（便りが途絶えていたことを受けて、再び）便りがあったことは、喜ばしいことです」という文意になります。

③

ここは「仍飫肥表干戈未一着之段、承候」と読みます。

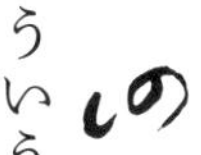

「仍」は頻出文字で、ここでは一字で「よって」と読み（「仍而」と書くこともあります）、「そういうわけで。そのために。それゆえ。従って」の意です。文書中で話題を転換する際などによく使われます。

「飫肥」とは、日向国南部（宮崎県日南市飫肥）の地名です。戦国期には島津氏と日向国の大名伊東氏との領土争いとなった地域で、永禄十年頃は伊東義祐が飫肥城を奪取し、子の祐兵に飫肥の地を与えました。

「表」は「方面」の意です。

「干戈」は「かんか」と読み、「干」と「戈」の意から、ここでは「たたかい。いくさ」を指します。古文書では、合戦のことを「干戈」と記すことがよくありますので、ぜひ覚えておきましょう。

伊東氏は日向都於郡（宮崎県西都市）の在地領主で、義祐は天文二年（一五三三）に同地をほぼ掌握しました。室町幕府十二代将軍足利義晴から一字を受けて「義祐」と改名、同十年、島津氏に占拠されていた飫肥地方（宮崎県日南市）の奪回に着手し、永禄十一年（一五六九）には飫肥を回復しました。しかし、元亀三年（一五七二）には勢いを盛り返した島津義久の反攻に遭い、木崎原の戦い（宮崎県えびの市）に敗れて領国は衰運、解体に向かいます。天正五年（一五七七）、島津軍の前に本拠を捨てて豊後に逃亡、宗麟を頼ることになります。翌年十一月の耳川（宮崎県木城町）の敗戦で領国の回復が絶望的となり、子の祐兵と共に伊予へ流寓、晩年は西国各地をあちこちと漂泊し、最期は和泉国堺（大阪府堺市）の浜辺で行き倒れたと言われています。

「未」は一字で「いまだ」と読み、「まだ○○していない」と訳します。「一着」とは「混乱した状態などが落ち着くこと」の意です。それゆえ「未一着」とは、「まだ落ち着いていない、決着していない」となります。「着」は②で見た「着」よりは読みやすい形になっています。「段」は典型的なくずし字が書かれています。「○○之段」という書き方がよく出てきます。「承」は「うけたまわる」と読む頻出語で、この形が基本形ですので、ぜひ覚えましょう。「承」から伸びたが「候」です。

「仍飫肥表干戈未一着之段、承候」、つまり「仍て飫肥表の干戈未だ一着せずの段、承り候」とは「飫肥方面の戦いは、いまだに決着していないと承っています」という文意になります。

④ 

ここは「必以時分無事之儀、可令助言候」と読みます。

「必」が難読です。「以」は、通常「○○をもって」と読む返読文字ですが、ここではそのまま「かならずもって」と読みます。「必」が難読のため、文脈から判断するしかありません。「時分」は、「適当な時期。ちょうどよい頃合い」の意です。「時」

は異体字「时」がくずれた形ですので、旁が「寺」のくずし字ではありません。「分」は、この形が典型例です。「無事」は「とりたてて変わったことがないこと」の意で、「戦争や事変など、非常の事態が起こること」を指す「有事」の反対語です。①で見た「無」と、この「無」は形が大きく異なりますが、どちらも頻出する形です。「事」は、「事」が一番省略して書かれた場合のくずし方ですので、ぜひ覚えておきましょう。「儀」は、旁の「義」が簡略化されたものですが、この形もよく出てきます。

「可」は「べし」「すべし」などと読む返読文字で、「令」は使役・尊敬などの意味を表し、「しむ」「せしむ」と読む返読文字です。どちらも古文書ではよく見られる助動詞ですので、くずし方を覚えておきましょう。なお、ここでの「令」は難読ですが、本書に載せたほかの書状にも「令」はいくつも出てきますので、確認しておいてください。

「助」は「力」がはっきりと見えています。は「言」の典型的なくずし字です。「必以時分無事之儀、可令助言候」、つまり「必ず以て時分無事の儀、助言せしむべく候」とは、「必ずよい時期を見計らって、（島津・伊東間の合戦の）和睦について、（この書状の差出人である宗麟が島津の紛争相手となっている伊東に対して）助言いたします」という文意になります。

⑤

ここは「猶年寄共可申候、恐々謹言」と読みます。

「猶（なお）」は、この形が典型例です。頻出しますので覚えましょう。「年寄」は武家で政務にあずかる重臣のこと、つまり室町幕府の評定衆や引付衆、江戸幕府の老中や大名の家老などを指す言葉です。ここでは大友家中の「加判衆」と呼ばれる重臣たちのことで、当主の補佐役として権力の中枢にありました。「寄」のくずし字は、が「うかんむり」、が「可」です。「共」は、人を表す名詞に付いて、複数であることを表します。は「申候」で、「申候」として頻出する形です。文末の「恐々謹言」は、本書に載せたほかの文書にも出てきますので、よく見比べておいてください。「猶年寄共可申候、恐々謹言」、つまり「なお年寄共申すべく候、恐々謹言」とは「なお（詳しいことについては）、年寄衆が申し伝えます。恐々謹言」という文意になります。

日付は、「八月廿九日」。「廿」は二十のことです。

差出人は、「左衛門督入道宗麟（花押）」。「左衛門督（さえもんのかみ）」は官職名で、「入道」は出家・剃髪して仏道に入り修行することです。すなわち「宗麟」とは、出家したあと

の名乗りとなります。冒頭にも記したように、宗麟が出家したのは、永禄五年（一五六二）とされ、この書状はそれ以降のものであると判断できます。永禄十年には、島津・伊東の和平が成立していることから、この頃のものと推定されています。

宛先には、「謹上　嶋津修理大夫殿」とあります。「謹上」とは、「謹んで差し上げる」の意で、手紙の宛名の上などに書いて敬意を表す言葉です。「嶋津修理大夫」とは、島津氏十六代当主である島津義久のことです。

〔釈文〕

寔其後無音相過候之」処、御音問祝着候、仍」飫肥表干戈未一着之」段承候、必以
時分無事之」儀可令助言候、猶年寄共可」申候、恐々謹言、」
八月廿九日　左衛門督入道宗麟（花押）
謹上　嶋津修理大夫殿

〔読み下し文〕

寔にその後、無音相過ぎ候の処、御音問祝着に候、仍て飫肥表の干戈未だ一着せずの段、承り候、必ず以て時分無事の儀、助言せしむべく候、なお年寄共申すべく候、恐々謹言、

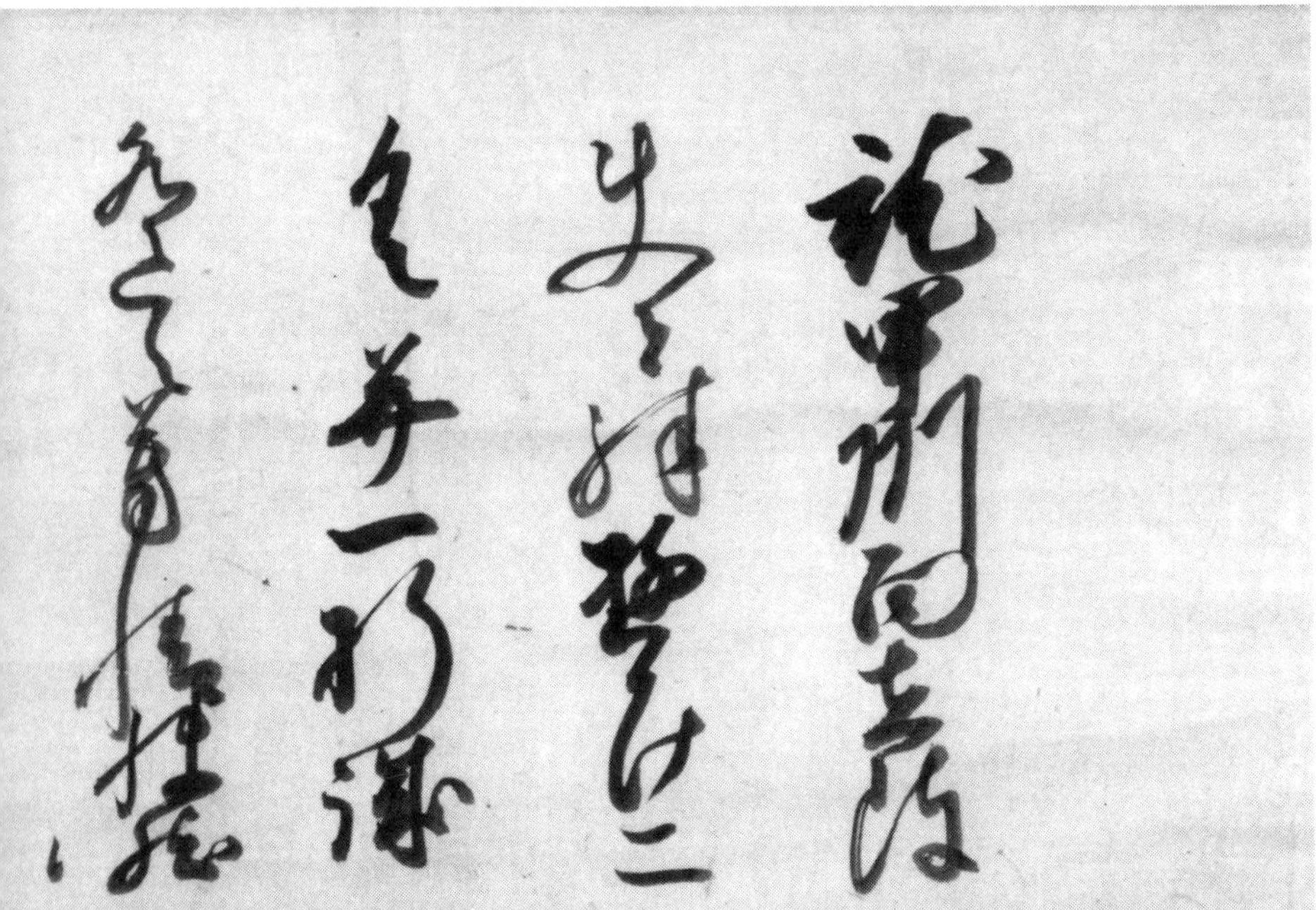

（天正10年）３月25日付け織田信長黒印状

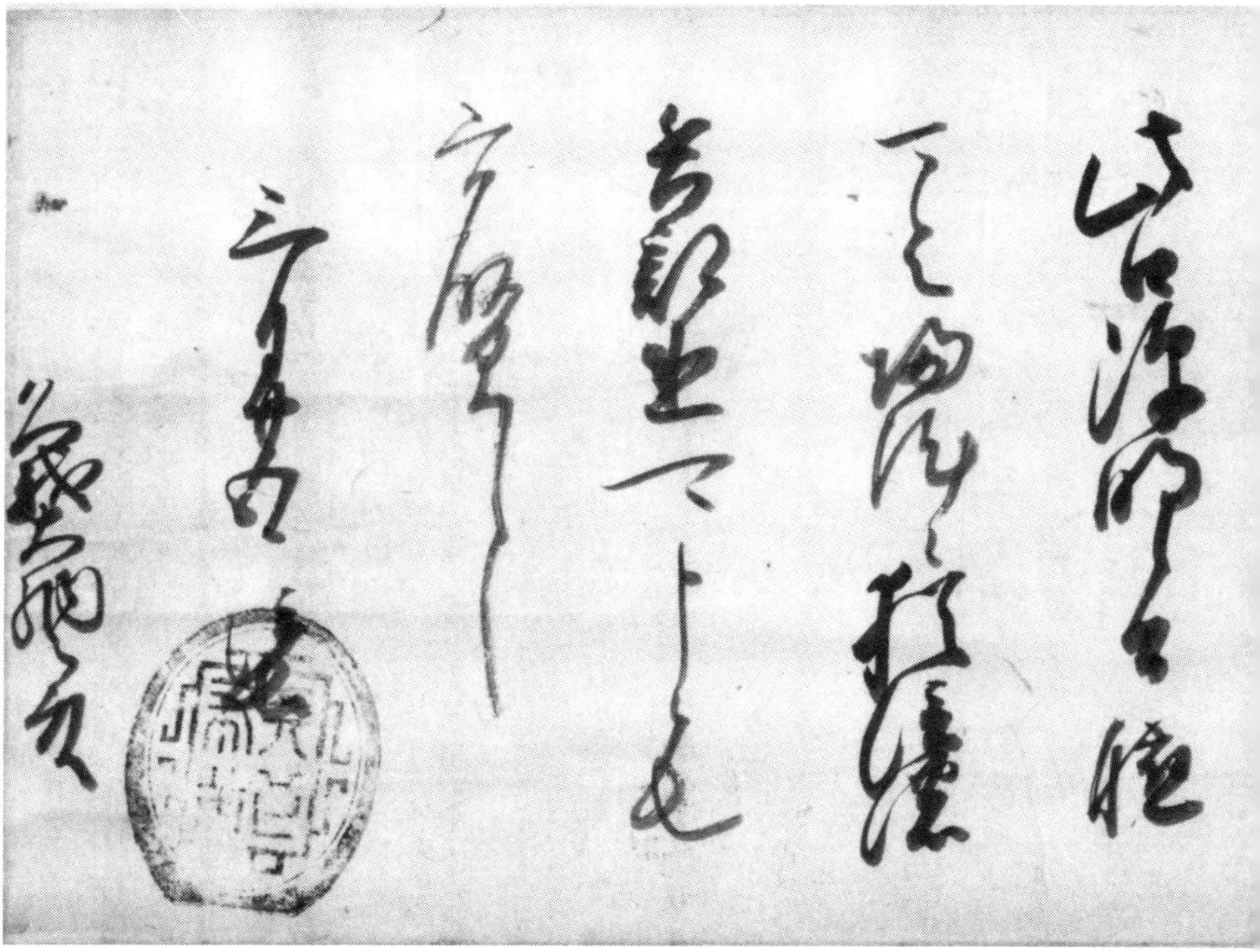

大阪城天守閣所蔵

（天正十年）三月二十五日付け織田信長黒印状

この書状は天正十年（一五八二）に比定される織田信長の書状で、宛先は公家の久我敦通(こがあつみち)です。天正三年（一五七五）、信長と徳川家康の連合軍は、長篠(ながしの)の戦いで武田勝頼(たけだかつより)に勝利しました。以後、信長は勝頼に対して優位になりました。天正十年三月十一日、信長軍は天目山(てんもくざん)（山梨県甲州市）において、勝頼・信勝(のぶかつ)父子を自刃に追い込みました。この書状は、その二週間後に発給されたものです。

敦通（吉通(よしみち)、季通(すえみち)）は、清華家(せいがけ)の家格を持つ久我家の出身で、永禄八年（一五六五）に通堅(みちかた)の子として誕生しました。文禄四年（一五九五）から朝廷と武家の間を取り次ぐ武家伝奏(てんそう)に就任し、豊臣秀吉の厚い信頼を得ました。ところが慶長四年（一五九九）、敦通と勾当内侍(こうとうのないし)との密通の噂が流れ、後陽成(ごようぜい)天皇の勅勘(ちょっかん)（勅命による勘当）を被りました。結局、敦通は子の通世(みちよ)と共に京都から追放されました。

①

ここは「就甲州面在陣」と読みます。

「就(つき)」には「〇〇について」という意味があり、書状などの冒頭でよく用いられます。

下に続く文字（この場合は「甲州面在陣」）を読んでから「就」に返って読みます。
「甲州面（こうしゅうおもて）」とは、甲斐国方面のことです。「甲州」とは甲斐国の異称で、播磨国を播州というのと同じです。当時、信長は甲斐の武田勝頼を滅亡に追い込んだところでした。次に「面」ですが、「表」と同義の言葉で、その方向の土地・地方を表します。地名の下に「面」あるいは「表」が付く表現は多いので、ぜひ覚えておきましょう。

次の「在陣」とは、陣中にいることを意味します。「在」はぜひ覚えておきましょう。「陣」はきれいな「こざとへん」が書かれています。信長は三月五日に安土（あづち）城（滋賀県近江八幡市）を出発し、同七日に岐阜、同十一日に美濃国岩村（いわむら）（岐阜県恵那市）、同十三日に信濃国へ入り、同十九日に法華寺（ほっけじ）（長野県諏訪市）に陣を置きました。この時点で、信長は信濃国に陣を置いており、甲斐国に着陣していたわけではないのです。

実際に甲斐国へ攻め込んだのは、信長の嫡男である信忠（のぶただ）を大将とした、滝川一益（たきがわかずます）らの諸将でした。信長は信忠の後方の信濃国に控えていたことになります。信長が甲斐国には行っていなかったことに注意すべきでしょう。

「就甲州面在陣」、つまり「甲州面在陣に就き」とは「（信長が）甲州方面に在陣したことにつきまして」という文意になります。

②

ここは「使者殊ゆかけ二具幷一折」と読みます。

「使者」の「使」の字は、「にんべん」が省略されていることに注意してください。例えば、「部」の字は、偏の「音」が省略されて「阝」だけになったり、「郎」も同様に「阝」だけになることがあるので、覚えておきましょう。「殊(ことに)」のくずし方は独特ですが、これが典型的なくずし方です。

次に、「ゆかけ」の「ゆ」は、「遊」の文字をくずしたもので、変体仮名の一種です。「か」も同様に「可」の文字を、「け」は「計」をくずしたものです。平仮名はかえって読みづらいかもしれませんが、変体仮名の一覧などを手元に置き、慣れることが重要です。「ゆかけ」とは「弓懸(ゆがけ)」のことで、弓を射る際、手の指を保護するために用いる革製の手袋のことを指します。「二具」の「具」には、揃いや組の意味があります。この場合は、「弓懸」が左右の二つでワンセットということです。なお、「具」は平仮名の「く」を表すことがあり、単独では「つぶさに」と読みます。「一折」の「折」は、折箱に入れたものや、折詰にしたものなどを数える助数詞を意味します。「幷(ならびに)」とあるので、久我敦通は弓懸以外にも、何か進物を贈ったと考えられます。

敦通は信長に対して、甲州征伐の陣中見舞いの手紙を送っていたのでしょう。その時、敦通は弓懸などを贈ったということになります。敦通は今後のことを考えて、信長の歓心を誘おうとしたのです。

「使者殊ゆかけ二具并一折」、つまり「使者殊に弓懸二具ならびに一折」とは、「（敦通が）使者（を派遣し）、特に弓懸二具と進物（を贈っていただいたこと）」という文意になります。

③ 

ここは「誠遥々芳情快然候」と読みます。

「誠（まことに）」の偏の「ごんべん」、旁の「成」は、典型的なくずし方です。「遥」は、一見すると「道」のくずし字に似ています。下に「しんにょう」が書かれていることに注意してください。「遥々（はるばる）」は、遠く離れている様子を意味します。

「芳情（ほうじょう）」とは、他人を敬って、その思いやりの心をいう言葉です。この場合は、敦通の信長を思いやる心になります。「芳」の字は、「くさかんむり」と「方」に分かれているのがわかるでしょうか。「快然（かいぜん）」とは、心地よい気分を意味します。つまり、信長は敦通の思いやりの言葉に感謝しているのです。「快」の「りっしんべん」は、前の字の「情」の「りっしんべん」とくずし方が同じになっています。

「然」は頻出する形ですので、ぜひ覚えてください。
「候」は、次行との間にほぼ点のように書かれていますが、それは「然」の下に書くスペースがなく、次行の頭に持って行くのを憚ったからです。このようなことがあるので、見逃さないように注意しましょう。

「誠遥々芳情快然候」、つまり「誠に遥々芳情快然に候」とは、「誠にはるばる遠くからの（敦通の）思いやりを心地よく思っています」という文意になります。

④ 

ここは「此口隙明候間」と読みます。
「此口」の「口」とは、場所を示す言葉です。この場合は、信長が平定を終えた甲斐国を指します。「隙明（ひまあき）」は、仕事がなくなって暇になることです。この場合の仕事とは、武田氏との戦争ということになるでしょう。「隙」の「こざとへん」は、①の「陣」の「こざとへん」とは別のくずし方になっています。
続く「候」は、「之」と見間違えやすいので、分脈から判断することも重要です。文字と文字の間に長めの線がある場合、「之」もしくは「候」が入っていることが多いです。
最後の「間」は、筆が潰れてしまっていますが、字形から「間」と判読できそうです。

「此口隙明候間」、つまり「この口隙明き候間」とは「甲斐国が治まって、なすべきこともなくなったので」という文意になります。

⑤ 

ここは「廳可令帰陣候」と読みます。

「廳（やがて）」は、文字どおり「やがて」という意味です。「可令」は、「せしむべく」と読み、よく出てくる語法です。「令」の字は、「今」という文字と似通っていますが、分脈から判断しましょう。「帰陣」の「陣」の字は、①の「陣」よりもくずしの度合いが増しています。この場合、帰陣するのは織田方の軍勢です。また、最後の「候」も点のようになっていますので、見逃さないように注意してください。「帰陣」の次に「令」そして「可」「候」の順番に読んでいきます。

「廳可令帰陣候」、つまり「やがて帰陣せしむべく候」とは、「やがて（織田方の軍勢を）帰陣させるでしょう」という文意になります。

⑥ 

ここは「猶信濃兵部丞可申候也、穴賢〱」と読みます。

「信濃」の偏は、それぞれ「にんべん」と「さんずい」ですが、くずし方はほとんど変わりません。「信」のくずし方は、「信長」の署名「信」と同じです。

「猶信濃兵部丞可申候也」とは、書状本文で書き切れなかったことについて、使者（この場合は信濃兵部丞）が口頭で伝えることを意味します。信濃兵部丞（ひょうぶのじょう）の詳細は不明ですが、久我家の家司（けいし）であるのは確かです。したがって、信濃兵部丞は、敦通の命によって信長のもとに派遣され、帰りは信長から敦通への言伝を頼まれたのでしょう。

「可」は、前行の冒頭の「可」と酷似しています。「候」もわかりづらいのですが、④の「隙明候」の「候」のように、少し右に曲がって、点のようになっています。「猶（人名）可申候也」というのは決まり文句のようなものですので、ぜひ覚えておきましょう。最後の「也」のくずし方は、「信長」の「長」とよく似ていますが、「長」は最後が右下に少し下がっています。

文末の「穴賢（あなかしこ）」はかなり丁寧な書止文言で、貴人に対して恐縮する気持ちを表現しています。ちなみに、「あな」は感動詞で、「かしこ」は形容詞「かしこし（畏）」のことで、本来は漢字でなく平仮名で書きます（「穴賢」は当て字です）。

「猶信濃兵部丞可申候也、穴賢〱」、つまり「なお信濃兵部丞申すべく候也、穴賢穴賢」とは、「なお、信濃兵部丞が（詳細を）申し上げます。穴賢穴賢」という文意になります。

最後に、日付は「三月廿五日」、差出人は「信長」です。黒印には、有名な「天下布武」の文字が刻まれています。宛名は「久我大納言殿」です。実名（じつみょう）が書かれていませんが、冒頭に記したように久我敦通のことです。当時は実名を忌避する習慣があり、姓＋官途の組み合わせで宛名を書くのが一般的でした。

〔**釈文**〕

就甲州面在陣、」使者殊ゆかけ二」具并一折、誠」遥々芳情快然候、」此口隙明候間、軈」可令帰陣候、猶信濃」兵部丞可申候也、」穴賢〱、」

三月二十五日　信長（黒印）

久我大納言殿

〔**読み下し文**〕

甲州面在陣に就き、使者殊にゆかけ（弓懸）二具ならびに一折、誠に遥々芳情快然に候、この口隙明き候間、やがて帰陣せしむべく候、なお信濃兵部丞申すべく候也、穴賢穴賢、

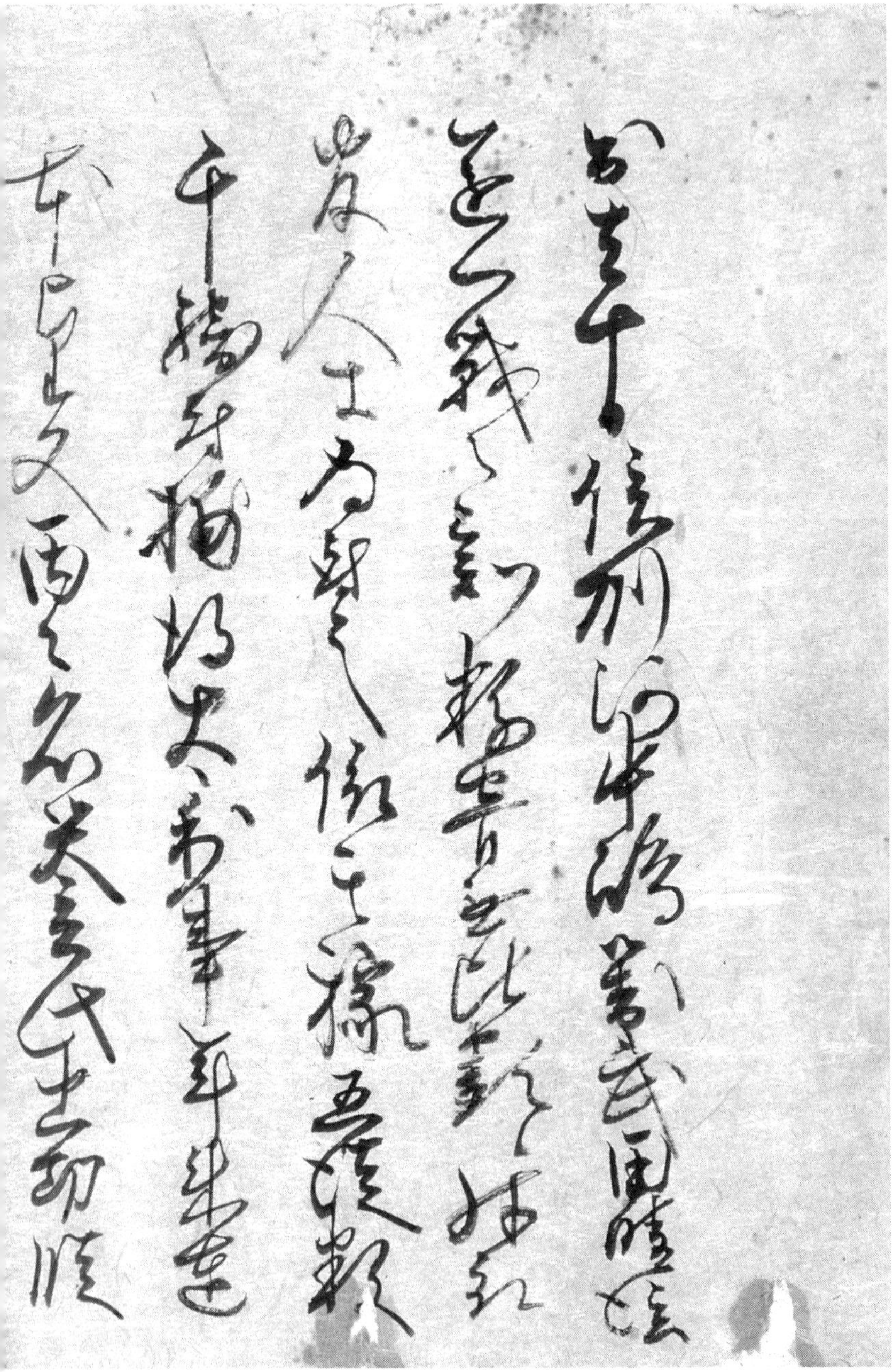

（永禄４年）９月13日付け上杉謙信感状

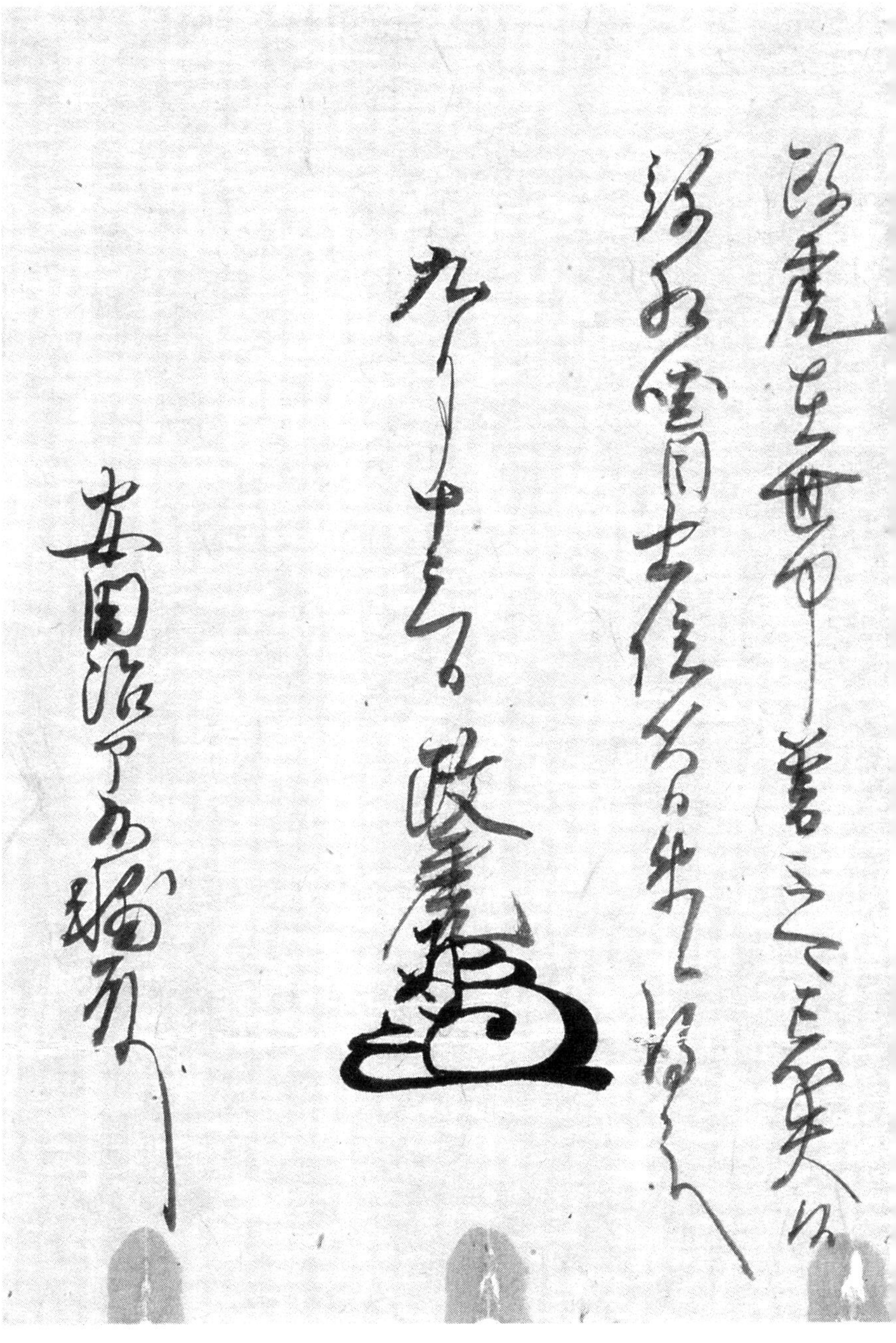

新潟県立歴史博物館所蔵

（永禄四年）九月十三日付け上杉謙信感状

この文書名である「感状」とは、主君が家臣の武功を評価するために出した書状のことです。発給者は上杉政虎、上杉謙信という名前でよく知られています。宛先は北蒲原郡の安田城主の安田長秀です。長秀は「揚北衆」と呼ばれる国衆の一人で、揚北は阿賀北ともいい、阿賀野川の北側に当たります。川中島の戦いで活躍し、謙信死後の御館の乱では上杉景勝を支え、天正十年（一五八二）に死去したと伝えられます。

① 

ここは「於去十日信州河中嶋」と読みます。

まず「於」は下の部分から返って「〇〇において」と読み、「～で」という意味です。この場合、下の「信州河中嶋」で、という意味です。次の「去十日」は「さんぬるとおか」と読んでも「さるとおか」と読んでもいいです。「於」や「去」はよく見るくずしですから、しっかり覚えておきたいものです。

「信州河中嶋」は川中島のことです。長野県長野市の南にある犀川と千曲川の合流地点で、著名な川中島の戦いの舞台です。この感状の川中島の戦いはいわゆる第四

次川中島の戦いで、山本勘助（かんすけ）の啄木鳥（きつつき）戦法や上杉軍の車懸（くるまがか）り、信玄と謙信の一騎打ちなどのよく知られた逸話が満載ですが、いずれも軍記物である『甲陽軍鑑（こうようぐんかん）』以外には史料的裏づけはなく、実態は今なおはっきりとはわかっていません。はっきりしているのは、武田方は信玄の弟の武田信繁（のぶしげ）を失うなど、被害が甚大であったことです。この戦いで出された感状は「血染めの感状」と呼ばれています。ちなみに「血染め」というのは、実際に血染めであったわけではなく、一族郎党の死傷者の血の代償として受けたものという意味です。揚北衆の色部勝長（いろべかつなが）、垂水源二郎（たるみげんじろう）、安田長秀に与えられた三通が現存しています。

「河」の「可」や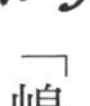「嶋」の「鳥」の形はそれぞれ覚えてください。特に「可」は古文書ではよく目にします。

「於去十日信州河中嶋」、つまり「さんぬる十日、信州河中嶋において」とは、「去る十日、信濃国の川中島において」という文意になります。

②

ここは「対武田晴信遂一戦之刻」と読みます。

「対」は「対」の旧字体「對」のくずし字です。「武田晴信」とは武田信玄のことです。この時にはすでに出家して「徳栄軒（とくえいけん）信玄」と名乗っています。

「武」や「信」などのくずし字はよく目にします。「遂」は「しんにょう」を理解するようにしてください。「之」はかなりくずれていますが、よく出る字なのでくずれが大きいのです。くずれの激しい字はその形をしっかりと覚えていくようにすると古文書の上達が早くなります。「刻」は「きざみ」と読み、「その時」という意味です。

信玄は、謙信が関東管領（かんとうかんれい）を継承して、北条氏康（ほうじょううじやす）と戦っている間隙をぬって海津（かいづ）城（長野市松代町）を築城し、越後をうかがいます。謙信にとって海津城は見過ごせるものではなく、関東から帰還して二ヶ月後の八月下旬に川中島へ出陣します。

「対武田晴信遂一戦之刻」、つまり「武田晴信に対し、一戦を遂げるのきざみ」とは、「武田晴信と戦った時に」という文意になります。

③ 

ここは「粉骨無比類候」と読みます。

「粉」の「こめへん」はわかりやすいですが、「分」のくずしがかなり大きいです。ということは、この形はよく出てくるということなので、しっかり覚えておくと今後の学習が楽になります。「無」のくずし字は典型的な形なので、これもしっかりと覚え

てください。「比類」の「比」は「ひ」の字母であるだけにわかりやすいですが、「類」はかなりくずれています。中でも「頁」はほぼ原形をとどめていませんが、この形が頻出するということを意味します。最後の「候」はほぼ点でしかありませんが、これも典型的な「候」の形です。

「粉骨無比類候」、つまり「粉骨比類なく候」とは、「その努力は比べようのないものです」という文意になります。

④

ここは「殊被官人等為討之」と読みます。

「殊（ことに）」の「歹」は「残」などで出てきますし、「殊」自体が頻出文字なので形をしっかり覚えてください。部首の形を覚えておくと応用が利きます。「特に」「殊更に」などの意味です。

次の「被官人等」ですが、最初の「被」はよく見る典型的な「被」のくずしです。しばしば「被○○」と動詞の前に付いて「○○らる」というように受け身・尊敬・婉曲の意味を表す助動詞であることが多いですが、ここは「被官人」といって配下の武士のことを指します。「官」のくずしも典型的な「官」のくずしなので覚えてください。

「等」はカタカナの「ホ」のようにも見えますが、「等」の異体字です。「為討之」の最初の「為」はよく見る字で「ゐ」の字母にもなっています。「為〇〇」で「〇〇のため」「〇〇として」「〇〇をなす」などのように読みますが、ここでは下の「討」から返って「うたせ」と読みます。「討」の字は慣れないと部首がわからないと思いますが、「言」です。実は典型的なくずしなので覚えてください。「之」はこの場合は「これ」で、下にありますので「これを」と読みます。「殊被官人等為討之」、つまり「殊に被官人等これを討たせ」とは、「特に被官人などにこれを討たせて」という文意になります。

⑤ 

ここは「依其稼凶徒数千騎討捕」と読みます。

「依」は下より返って「〇〇より」と読み、意味もそのままです。字は比較的原形をとどめています。「其」は特徴的なくずしでほとんど「其」の原形をとどめていませんが、逆に言えばこの形で普通に出てくるということです。これは覚えておくといいでしょう。

「稼」は「禾」も「家」もわかりやすい形です。「稼」は働き、などの意味です。

「凶徒」の「凶」の字は異体字で「凶」の上に「亠」がついたものです。次

の「徒」は「ぎょうにんべん」に注意です。②の「晴信」の「にんべん」と同じですが、この二つはしばしば同じ形で書かれます。「徒」自体はよく見かける字体なので、しっかり目に焼き付けてください。「凶徒」の意味自体は、元来は「謀反などの悪行を働く者」という意味ですが、ここでは具体的には武田軍のことであり、このように敵方を「凶徒」と呼ぶことは多いです。

「数千騎討捕」の冒頭の「数」ですが、「数」の下の「女」が省略されています。「米」に「文」です。「騎」は「馬」が典型的なくずし方で、「奇」もよく見る形なのでそれぞれのパーツごとにしっかり覚えておくと便利です。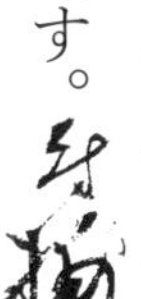「討捕」は③の「討」と比べると少しくずれていますが、同じ字であることはわかります。「捕」の「てへん」はわかりやすいですが、「甫」が少しわかりにくいかもしれません。しかし「甫」を使った漢字はたくさんありますので、覚えておくと確実に役立ちます。

「依其稼凶徒数千騎討捕」、つまり「その稼ぎにより凶徒数千騎討ち捕り」とは、「その働きによって敵を数千騎討ち捕り」という文意になります。

⑥ 

ここは「得太利事、年来達本望」と読みます。

「得太利事」の「得」は「ぎょうにんべん」も含め、典型的な「得」のくずし字ですので、迷わず読めるようにしましょう。下から返って「〇〇を得る」と読みます。下の「太利」ですが、実際は「大利」という言葉です。しかし謙信は、現存するすべての「血染めの感状」で「太」と書いています。意味は「大勝利」という意味です。

この記述から、第四次川中島の戦いがかなり大規模な戦いだったことがうかがえます。この戦いについて述べられている『甲陽軍鑑』には、前半が上杉、後半が武田、と書かれていますが、実態は不明としか言いようがありません。謙信と信玄の一騎打ちは真偽不明ですが、謙信自ら太刀を振るったことが近衛前久（このえさきひさ）の書状にも書かれていますので相当の激戦だったことは間違いがありません。また、謙信が信玄に斬りかかるシーンでは、しばしば謙信は白い布で頭を覆った「裹頭（かとう）」姿ですが、実際には彼はまだ出家しておらず、この一騎打ち自体が実際にあったかどうかも不明なのです。

「年来達本望」の「年来」は「年」「来」両方とも典型的なくずし方なので覚えてしまいたいものです。「達本望」の「達」は下から返って「〇〇を達す」と読み、達成するという意味になります。次の「本望」は、「本」はわかりやすいものの、「望」は縦長に書かれているので判読しづら

いかもしれません。しかし、くずし方自体は「望」の基本形で、「亡」や「月」がどこにあるのかということを考えずに、字の形をしっかりと目に焼き付けて覚えるほかありません。

「得太利事、年来達本望」、つまり「太利を得る事、年来の本望を達し」とは、「大勝利をものにしたことは、年来の本望を達成し」という文意になります。

⑦ 

ここは「又面々名誉、此忠功段」と読みます。「面々」は頻出する重要語です。次の「名誉」は、「名」はわかりやすいですが、「誉」が下に長く伸びていて少しとまどうかもしれません。「此忠功段」の「此」は典型的なくずし方です。「忠功」はどちらも読みづらいですが、特に「忠」は「虫」とも類似しているので注意が必要です。「段」は非常によく見る形ですので、ぜひ覚えましょう。

「又面々名誉、此忠功段」、つまり「また面々名誉、この忠功の段」とは、「また皆の者の名誉、この忠功のこと」という文意になります。

⑧ 

ここは「政虎在世中曽不可忘失候」と読みます。

冒頭の「政虎」は言うまでもなくこの感状の発給者である上杉政虎（謙信）です。長尾景虎（ながおかげとら）と名乗ってきた彼が山内（やまのうち）上杉氏の家督を継承し、関東管領に就任するのを機に上杉憲政（のりまさ）から一字を拝領して上杉政虎と名乗ります。その後、室町幕府十三代将軍足利義輝（よしてる）の一字を拝領して輝虎と改名し、北条氏康の七男を後継者に迎えたのを機に出家して、よく知られた「不識庵（ふしきあん）謙信」を称します。

「在世中」のは典型的な「在」のくずし字ですので、覚えましょう。続く「世」は読みやすいと思います。次の「中」は「ゆ」のようにも見えますが、「中」の典型的なくずしの一つです。

「曽」は「曾」の異体字「曽」のくずし字です。「かつて」と読み、下に打ち消しの語を伴って「決して」という意味になります。次の「不可」は「不」も「可」も典型的なくずし方です。「不」は「ふ」の字母ですから、くずし自体も「ふ」のようになります。「○○べからず」というのは「○○してはいけない」という訳が典型的ですが、ここは「○○」しないであろう、という意味になります。「忘失候」の「忘」

は一見すると戸惑うかもしれませんが、落ち着いて見ると明らかに「亡」も「心」も見えます。最後の「候」は③の「候」と比べると非常にしっかりとした「候」です。「政虎在世中曽不可忘失候」、つまり「政虎在世中かつて忘失すべからず候」とは、「政虎が生きている間は決して忘れないであろう」という文意になります。

⑨

ここは「弥相嗜、忠信箇要候、謹言」と読みます。

冒頭の「弥」は一字で「いよいよ」と読みます。「相嗜」の上の「相」は接頭辞で語調を整える働きをします。くずれが大きいですが、この形は頻出です。「嗜」は旁が下に伸びていますが、各パーツ一つ一つをしっかりと押さえることである程度見通しがつきます。右上のは「老」のよくあるくずし方です。「嗜」には「はげむ」「つとめる」などの意味があります。

「忠信」の「忠」は⑦の「忠功」と同じ「忠」が書かれています。「信」は、「にんべん」がはっきりと書かれているので、②で見た「信」よりわかりやすいと思います。

「箇要」の「箇」は各パーツをしっかり押さえてください。上の「た

けかんむり」、真ん中の「もんがまえ」、下の「日」は、それぞれよく出てくる形です。各パーツをしっかりと押さえると応用が利きます。「簡要」は、意味としては「肝要」と同じです。最後の「候」は点のように見えますが、③の「候」と同じです。最後のは「謹言」で、文書の最後に書かれる決まり文句です。「弥相嗜、忠信簡要候、謹言」、つまり「いよいよ相嗜み、忠信簡要に候、謹言」とは、「いよいよはげみ、忠信こそ肝要である」という文意になります。

最後は日付です。感状には年号が書かれていませんが、川中島の戦いであること、激しい戦闘だったことから第四次川中島の戦いが行われた永禄四年（一五六一）のものと断定できます。は「九月十三日」です。差出人は「政虎（花押）」。宛先は「安田治部少輔殿」、つまり安田長秀です。

〔**釈文**〕

於去十日信州河中嶋、対武田晴信」遂一戦之刻、粉骨無比類候、殊被」官人等為討之、依其稼凶徒数」千騎討捕、得太利事、年来達」本望、又面々名誉、此忠功段」政虎在世中曽不可忘失候、」弥相嗜、忠信簡要候、謹言、」
九月十三日　政虎（花押）
安田治部少輔殿

〔**読み下し文**〕
さんぬる十日、信州河中嶋において、武田晴信に対し、一戦を遂げるのきざみ、粉骨比類なく候、殊に被官人等これを討たせ、その稼ぎにより凶徒数千騎討ち捕り、太利を得る事、年来の本望を達し、また面々の名誉、この忠功の段、政虎在世中かつて忘失すべからず候、いよいよ相嗜み、忠信簡要に候、謹言、

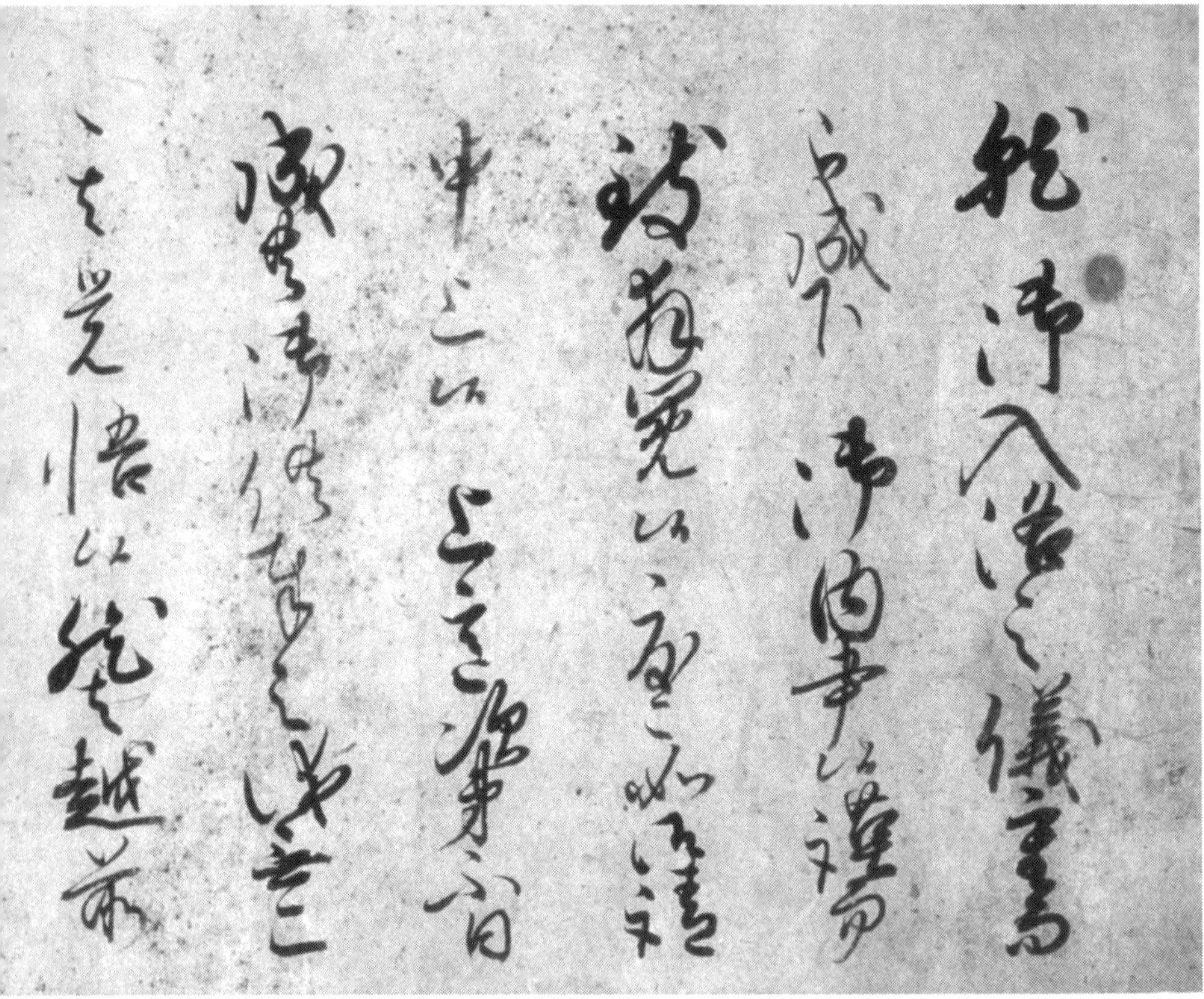

（永禄８年）12月５日付け織田信長書状

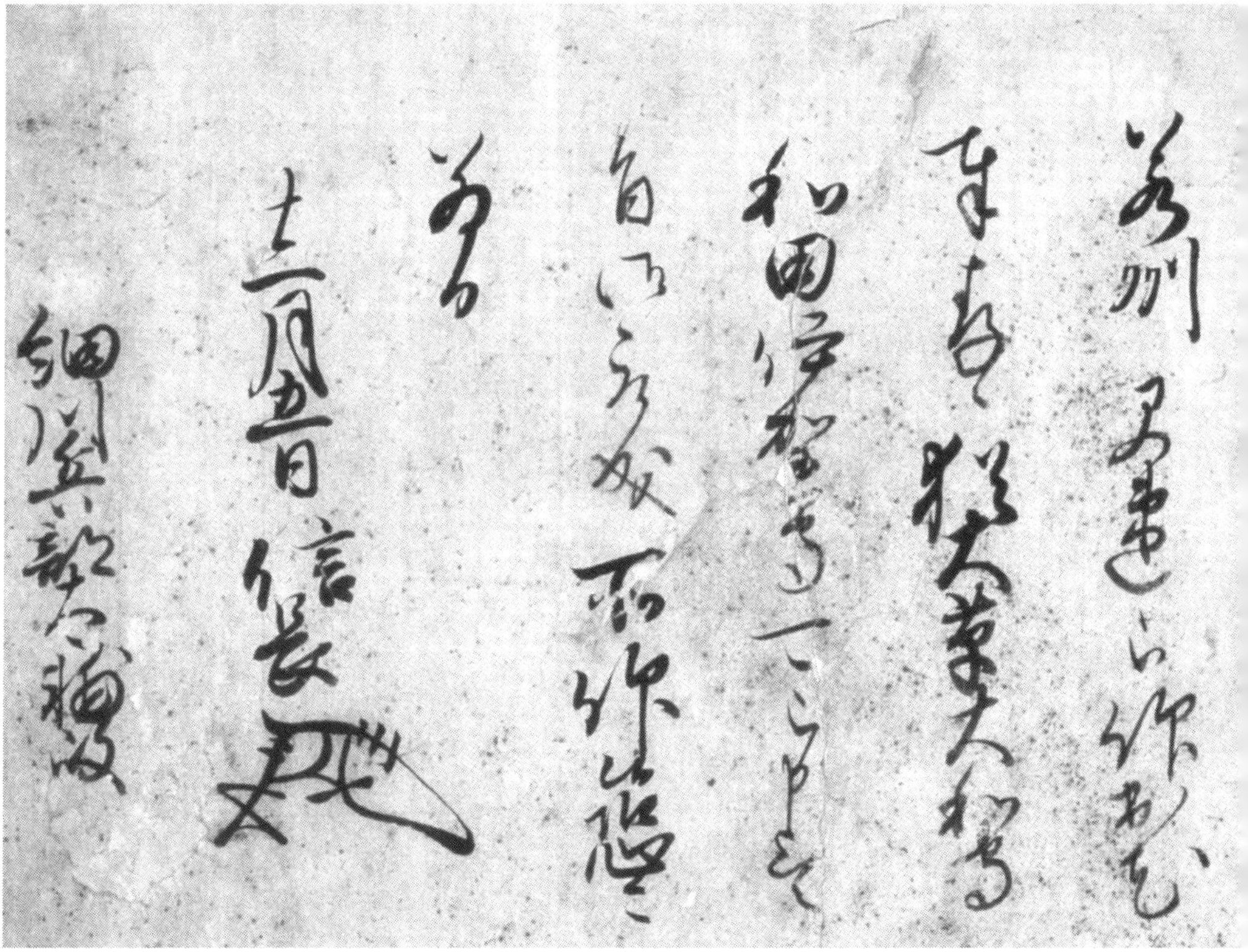

東京大学史料編纂所所蔵

（永禄八年）十二月五日付け織田信長書状

この書状は永禄八年（一五六五）に比定される織田信長のもので、宛先は室町幕府十五代将軍足利義昭に仕えた細川藤孝です。信長は、信秀の子として誕生しました。永禄十一年（一五六八）に義昭を奉じて上洛しましたが、天正元年（一五七三）に決裂。以後の信長は、各地の大名と戦いを繰り広げます。

藤孝は三淵晴員の子で、のちに細川元常の養子になりました。別号の幽斎が有名ですが、近年は法名の玄旨を用いるのが適当とされています。もとは室町幕府十三代将軍足利義輝の御供衆でしたが、永禄八年に義輝が横死すると、その弟の義昭（当時は覚慶。以下、義昭で統一）を擁立し、室町幕府を再興するために尽力します。

①

ここは「就　御入洛之儀」と読みます。まず「就」には「ついて」という意味があり、書状などの冒頭でよく用いられます。下に続く文字を読んでから「就」に返って読みます。

「御入洛」とは、京都に入ることです。この場合は足利義昭が入洛することとなので、丁寧に「御」を付けています。「御」の前に一文字分の空白がありますが、これは欠

字といいます。欠字とは「御入洛」の主体が義昭なので、敬意を払って一文字の空白を空けているのです。一行分まるまる改行することもあり、その場合は「平出（へいしゅつ）」といいます。

「之」の文字は様々なパターンで頻出するので、覚えておきましょう。文字と文字の間を繋ぐ場合は、まっすぐな縦線に見えることがあります。また、くずし方によっては、「三」や「元」に似てきます。「儀」には、「ことがら、こと」の意味があります。

「御入洛」の背景には、何があったのでしょうか。永禄八年六月、義昭の兄義輝が三好三人衆らに急襲されて落命しました。当時、奈良興福寺の一乗寺門跡（いちじょうじいもんぜき）だった義昭は、近江の甲賀（こうか）（滋賀県甲賀市）の和田惟政（わだこれまさ）のもとに身を寄せ、やがて上洛して幕府の再興を期していました。その支援に応じたのが信長であり、二人は書状を取り交わすことになります。義昭は信長ら諸大名の力を頼りにして、上洛を果たそうとしたのです。

「就　御入洛之儀」、つまり「御入洛の儀に就き」とは「（義昭様の）入洛のことに就きまして」という文意になります。

② 

ここは「重而被成下　御内書候」と読みます。

「重而」の「而」部分は、③の「謹而」の「而」と比較してみ

てください。「而」も頻出する文字です。この場合の「而」は助詞の「て」のことですが、ほかに「而る」と読むことがあります。

は「被」と読み、楷書体とは全く違う形になるために、形ごと覚えてしまうしかありません。「被」のくずし方には様々な形がありますが、このように平仮名の「ら」のようになる形もありますし、カタカナの「ヒ」のような形もあります。

「御内書」とは、将軍家が発給した文書のことで、本来は私的な書状でしたが、やがて公的な意味を持つようになります。家臣の副状が添えられる場合もあります。一般的に御内書では用件の概要を示すにとどまり、詳細を家臣の副状で説明することが多いです。むろん、この御内書は義昭が作成したものにほかなりません（実際は右筆が書く）。「御」は、①の「御入洛」の「御」と同じくずし方です。「書」は、下の「日」が書かれない場合も多く、「事」のように見えることがあります。

「御内書」以前は、将軍自らが花押もしくは署判を加える、将軍家の御判御教書が発給されていました。本来、御教書とは差出者の身分が三位以上の場合の公家様文書を指し、奉書形式でした。しかし、鎌倉時代に六波羅探題などが発給する直状形式の下達文書も敬称の意味で御教書と称されるようになったのです。

「被成下」とは、「命令などをお下しになる」の意で、御内書をお下しになる義

昭に対して、敬意を表した表現になります。

「御内書」の字の前の空白も欠字になりますが、それは「御内書」が義昭が発給したものだからです。「候」も独特のくずし方で、本書状にも頻出しますので覚えておきましょう。

「重而被成下　御内書候」、つまり「重ねて御内書を成し下され候」とは、「重ねて（義昭様が）御内書をお下しになりました」という文意になります。

③ 

ここは「謹而致拝閲候」と読みます。

「致」は頻出文字で、このくずし方が典型例です。ぜひ覚えてしまいましょう。通常は、次に続く文字や熟語を読んでから「致」に返って読みます。「拝閲」とは「貴人（この場合は義昭）の手紙に目を通す」という意味で、読むことをへりくだっていう言葉です。単に書状を読む場合は、「披閲（ひえつ）」「披見（ひけん）」を用います。冒頭に「謹而」という言葉があるので、二重に敬意を示しており、信長の低姿勢ぶりが窺えます。

「謹」の「ごんべん」、「閲」の「もんがまえ」の、それぞれのくずし方には注意してください。

「謹而致拝閲候」、つまり「謹みて拝閲致し候」とは「謹んで（義昭様の御内書を）読ませて

いただきました」という文意になります。

④

ここは「度々如御請申上候」と読みます。

が「度」で、が「广」（まだれ）の典型的な崩し方です。点を二つ並べたように見えるが踊り字の「々」で、「度々」で「たびたび」と読みます。

次のは「如」で、部分が「口」です。古文書では下に続く文字を読んでから返って読むことが多く、「〇〇のごとく」「〇〇のごとし」などとなります。

次の「御」は、①や②よりも、くずし方が簡略化されています。「請」には、「承諾する」という意味があり、この場合は「義昭の上洛を手助けすることを承諾した」という意味になります。「請」の前に「御」が付いているのは、義昭に対しての敬意を表しています。

「請」の「ごんべん」は、③の「謹」の「ごんべん」と同じくずし方です。

「度々如御請申上候」、つまり「たびたび、（義昭様の上洛の手助けを）承諾いたしますと申し上げているように」という文意になります。

⑤

ここは「上意次第、不日成共御供奉之儀、無二其覚悟候」と読みます。

まず「上意(じょうい)」とは、「主君の意向」を意味します。この場合の「上意」は、義昭の意向です。それゆえ「上意」の前に欠字があるのです。「意」は難読文字ですので、ぜひ覚えておきましょう。

「次第」はそのまま読めそうです。次の「不日(ふじつ)」とは、「近いうちに」という意味です。「不」は、平仮名「ふ」の原形です。「成」は楷書体と形が似ているので読めるでしょう。「共」は、この形が典型的なくずし方です。

「供奉(ぐぶ)」とは「お供」のことで、この場合は義昭の上洛のお供を意味します。「御」が付いているのは、やはり義昭に対して敬意を払っているからです。また、「供」の「つくり」は、右で見た「共」と同じ字形です。「奉」は⑦にも出てきますが、頻出の文字ですので、ぜひ覚えてください。

「儀」は、①の「儀」と比べてみてください。「儀」のくずし方が簡略化して読みづらいですが、頻出する形です。

「無二」は、「無」が古文書によく出てきます。

「其」は難読文字にもかかわらず頻出しますので、必ず覚えましょう。

「覚悟」は、が「見」、が「りっしんべん」の典型的なくずし方です。

「上意次第、不日成共御供奉之儀、無二其覚悟候」、つまり「上意次第、不日成れ共、御供奉の儀、その覚悟無二に候」とは、「上意（義昭の意向）により、近いうちになりますが、（義昭様の上洛の）供奉をすることについて、その覚悟は並ぶものはございません」という文意ですが、もう少し日本語らしく意訳すると、「義昭様の意向に従って、近いうちに上洛の供奉をする強い覚悟でございます」となるでしょうか。信長は義昭のたび重なる催促に従い、上洛のお供をすることを誓ったのです。

⑥

ここは「然者越前・若州、早速被仰出、尤奉存候」と読みます。

「然者（しからば）」とは、「それならば、それでは」という意味があります。「然」は「自然」（じねん。「ひとりでにそうなること」という意味）などよく使われる文字ですので、くずし方を必ず覚えておきましょう。「者」は、本来「もの」と読みますが、助詞の「は」「ば」と読むこともあります。

「越前・若州（若狭）」とは文字通り国名なのですが、この場合はそれぞれの国の支配者である、越前朝倉氏と若狭武田氏を示しています。「若」が難読です。

古文書に地名が出てくる場合は、文字通りその地名を指すこともありますが、一方でその地

名一帯の地域の支配者を意味することもありますので注意が必要です。なお、「若州」と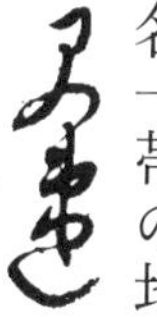「早速」の間に少し空白が見えますが、これは欠字ではありません。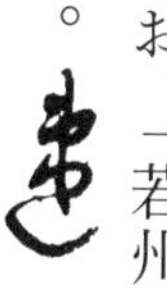「速」は、部分が「しんにょう」ですが、この形になる「しんにょう」が頻出します。

足利義昭は信長だけでなく、各地の有力な大名に上洛の支援を要請していました。越後の上杉謙信（当時は輝虎（てるとら））などは、その代表です。京都に近い朝倉氏と武田氏も頼りにされており、義昭は永禄九年（一五六六）になると、二人のもとに身を寄せるようになります。結局、朝倉氏も武田氏も当てにならなかったので、義昭は早々に見切りをつけて、結果的に信長を頼ったのです。

「被仰出」とは、義昭が仰せになるということです。古文書では、明確に主語がないことも多いので、誰が主語なのかを考える必要があります。

「被」は②で見たものと同じ形です。「仰」という文字は、一見すると「作」のようにも見えますが、このようなくずし方をします。「出」のくずし方は、「於」（平仮名「お」の字母）のくずし字に似ているので、注意してください。「尤」は、左下の払いが短く書かれるのが特徴です。

「奉」は、⑤の「奉」と同じくずし方です。この場合の「奉」は、義昭を敬って用いています。が「存」で、部分が「子」です。最後のが「候」ですが、「候」

が最も簡略化されると点のようにくずれますので、見落とさないように気をつけましょう。

「然者越前・若州、早速被仰出、尤奉存候」、つまり「然らば越前・若州、早速仰せ出だされ、尤もに存じ奉り候」とは、「それでは越前（朝倉氏）・若州（武田氏）に、早速（支援の要請を義昭が）仰せになったことは、もっともなことと考えております」という文意になります。

⑦ 

ここは「猶大草大和守・和田伊賀守可被申上之旨、御取成所仰候」と読みます。

「猶（なお）」は、が「けものへん」の典型的な形です。旁の「酋」が難しいですが、「けものへん」を頼りにくずし字辞典を引いてください。「猶」は「尚」と同じ意味で使います。

大草大和守とは大草公広（きみひろ）のことで、もともとは室町幕府に仕えていましたが、その事績はあまりわかっていません。「大和守」の「守」は、次の「伊賀守」の「守」と同じく、平仮名「る」のようなくずし方をします。「寺」が「守」と似たくずし方をしますが、この場合は上が国名ですので、官途を表す「守」となります。

和田伊賀守とは先述した和田惟政のことで、近江の甲賀（こうか）を本拠とした土豪です。義昭の頃には幕府の御供衆に加えられ、重要な役割を果たしました。惟政は義昭、信長の二人に仕えましたが、元亀二年（一五七一）八月に摂津郡山（こおりやま）（大阪府茨木市）で戦死しました。

大草大和守と和田伊賀守は義昭に仕えていたので、御内書を信長のもとに届けたのでしょう。信長は返書を認(したた)め、自らの考えの詳細を大草大和守と和田伊賀守に伝え、細川藤孝に義昭への取り成しをお願いしたいと述べているのです。

直接、信長が義昭に書状を宛てるのではなく、家臣の細川藤孝に送ったのは、当時の義昭と信長との間に大きな身分差があったことを示しています。藤孝がいったん信長の書状を受け取り、義昭に取り次ぐのです。

大草大和守と和田伊賀守が信長方の使者でないことは、信長が二人に「可被申上」という丁寧な表現を使っていることからも明らかです。家臣に対して丁寧な表現は、まず使いません。もし、二人が信長の家臣の場合は、「可申上」となるはずです。

「可」のくずし方は様々ありますが、「一」の下に点があるくずし方も典型例です。平仮名の「ら」のようにくずした「被」は、②と⑥と同じくずし方の「被」が出てきました。「旨」は、くずし方によっては「間」に似ていることもあるので注意しましょう。

「御」は④で見た「御」と同じ形です。

「取」と「所」は、よく出てくるにもかかわらず、楷書体とは全く異なる形になりますので、くずし字の形ごと覚えておく必要があります。

「猶大草大和守・和田伊賀守可被申上之旨、御取成所仰候」、つまり「なお大草大和守・和田伊賀守申し上げらるべきの旨、御取り成し仰ぐ所に候」とは、「なお、大草大和守（公広）・和田伊賀守（惟政）が報告される趣旨につきまして、お取り成しをお願いするところでございます」という文意になります。

⑧ 

通常、書状の書止文言は「恐々謹言」が一般的ですが、この書状は、より丁寧に「恐々敬白（けいはく）」を用いています。寺社宛てなどの場合は、「恐惶（きょうこう）謹言」も用いられます。踊り字（繰り返しを意味する文字）の「々」は、④の「度々」でも見たように点を二つ並べたような形が一般的ですが、中には「之」と間違えやすい形もあります。

最後に、日付は「十二月五日」、差出人は「信長（花押）」、宛名は「細川兵部太輔殿」です。信長の花押は年を追うごとに何度も、しかも微妙に改変されていますので、それが文書の発給年の手掛かりになります。この時点で信長は花押を用いていますが、永禄十年以降は「天下布武」の朱印を使うようになっていきます。「兵部太輔」は、本来「兵部大輔」とあるべきですが、「ひょうぶたいふ」と読むので、同じ

音の「太」が使われています。

〔釈文〕

就 御入洛之儀、重而」被成下 御内書候、謹而」致拝閲候、度々如御請」申上候、上意次第、不日」成共御供奉之儀、無二」其覚悟候、然者越前」若州、早速被仰出尤」存奉候、猶大草大和守・」和田伊賀守可被申上之」旨、御取成所仰候、恐々」敬白、」

十二月五日　信長（花押）

細川兵部太輔殿

〔読み下し文〕

御入洛の儀に就き、重ねて御内書を成し下され候、度々御請申し上げ候如く、上意次第、不日成れ共、御供奉の儀、その覚悟無二に候、然らば越前・若州、早速仰せ出だされ、尤もに存じ奉り候、なお大草大和守・和田伊賀守申し上げらるべきの旨、御取り成し仰ぐ所に候、恐々敬白、

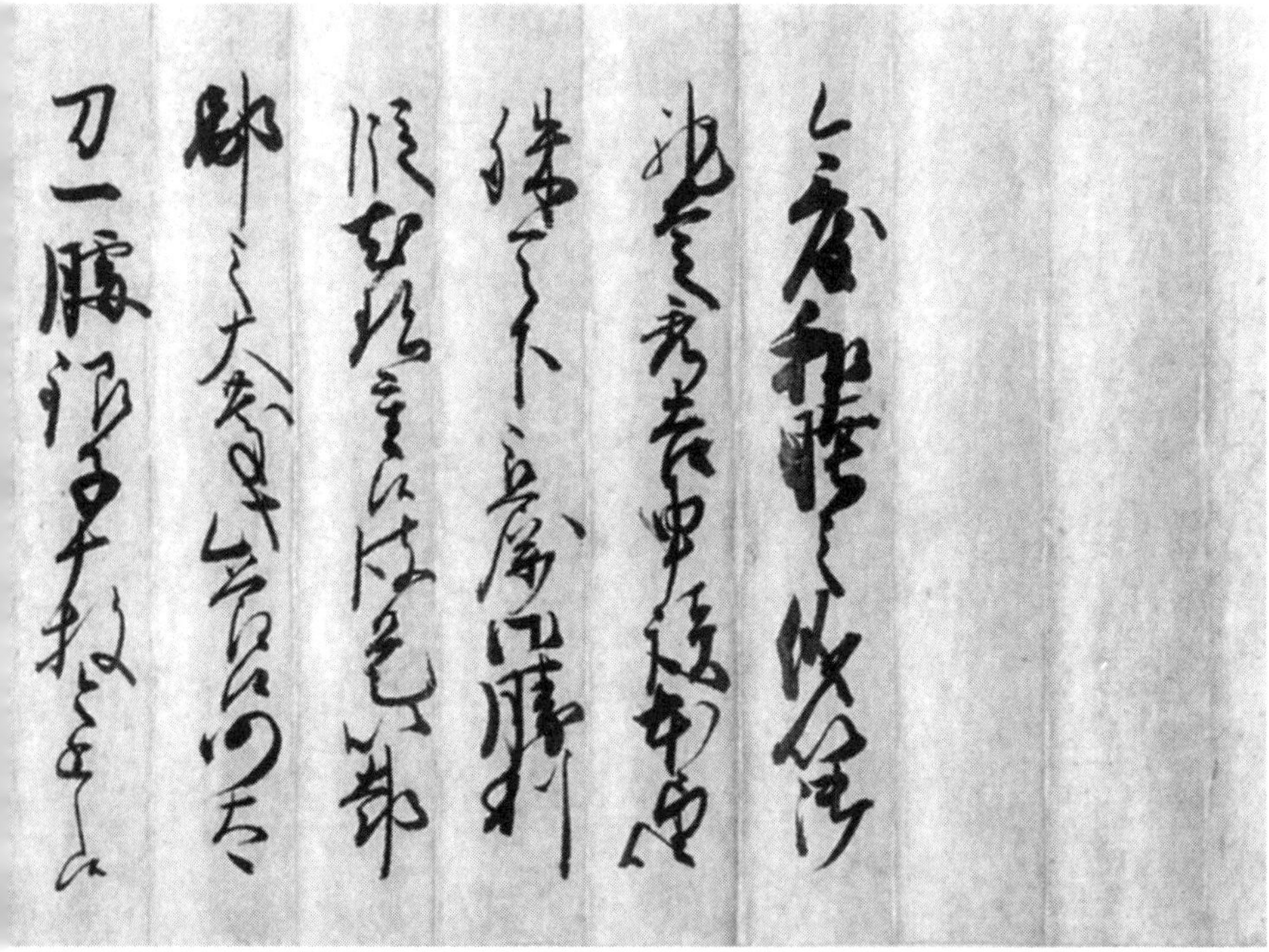

（天正10年）７月18日付け毛利輝元書状

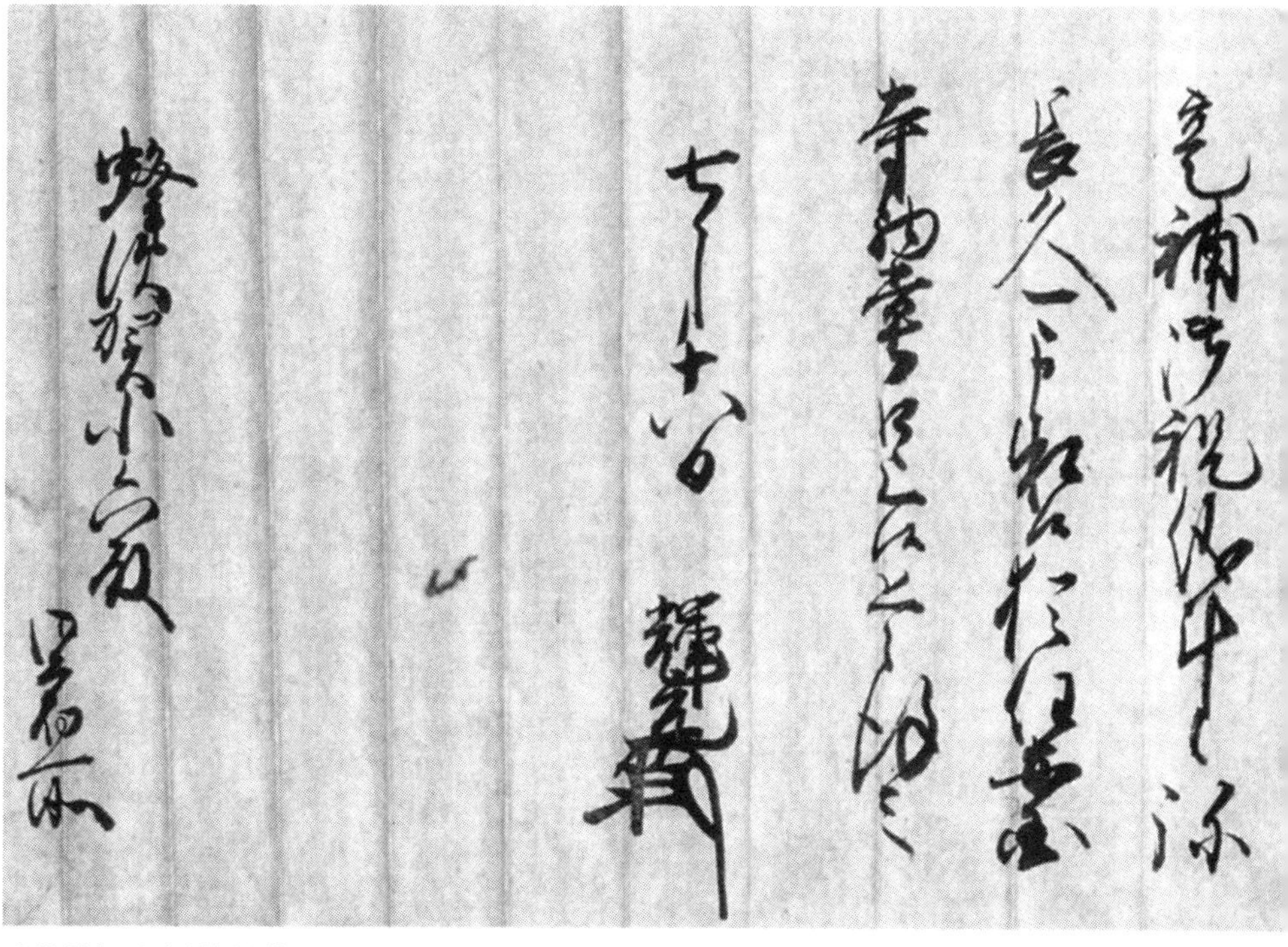

大阪城天守閣所蔵

（天正十年）七月十八日付け毛利輝元書状

この書状は天正十年（一五八二）に比定される毛利輝元のもので、宛先は羽柴秀吉の家臣蜂須賀家政です。

輝元は天文二十二年（一五五三）、毛利元就の長男隆元の長男として生まれました。永禄六年（一五六三）、十一歳の時に父隆元を失い、形式的には毛利家の家督を継承しましたが、実質的な当主としての活動は、元亀二年（一五七一）の元就歿後から始まります。天正四年（一五七六）、織田信長によって京都から追放された将軍足利義昭が毛利氏領国内の備後国鞆（広島県福山市）に逃れてきたことを契機に、信長との戦争が勃発し、中国方面に派遣された羽柴秀吉と毛利氏との戦闘が繰り広げられました。天正十年六月には、備中高松城（岡山市北区）を包囲されていましたが、明智光秀に襲撃された信長が六月二日に横死した（本能寺の変）との情報を得た秀吉からの提案を受諾して、停戦が成立しました。撤退した秀吉勢は、六月十三日、山崎の戦いにおいて光秀勢を破り、天下人への道を歩み始めます。

蜂須賀家政は、初期の頃から秀吉に従って活躍した蜂須賀正勝の子です。家政は永禄元年（一五五八）生まれですので、この当時、二十五歳でした。

①

ここは、「今度和睦之儀」と読みます。「今」のくずしは、慣れないと読むのが難しく、さらに「令」のくずし字と似た形になることがあります。その場合は、次に続く文字を読んでから判断するとよいでしょう。

この書状では、次が「度」ですから、「今度」、つまり「このたび」という意味になります。「和睦（わぼく）」は、同意語として「和談」「和平」などがあります。ここでは、備中高松城の水攻めから撤退する際の、秀吉と毛利氏との停戦を指します。「之儀」は頻出の表現ですので、セットで覚えましょう。

「今度和睦之儀」、つまり「今度和睦の儀」とは、「このたびの和睦について」という文意になります。

②

ここは、「以御馳走秀吉申談、本望候」と読みます。「御馳走」を先に読み、「以」に返って読みます。「馳」の部首である、「うまへん」のくずし字は、一見すると「馬」には見えないことが多く、「うまへ

ん」の文字は難読かもしれません。また、「走」のくずし字は「言」と似た形になることも多く、判別が難しいです。むしろ、「馳」の旁「也」から読んだほうがよいでしょう。そうすると、上の字が「馳」であれば、「馳走」という熟語に行き着きます。ここでの「馳走」は「奔走すること」という意味になるので注意してください。

「中談」の「談」の部首は「ごんべん」ですが、この文書の書止文言「恐々謹言」の「言」とは全く異なる形です。改めて「談」の部首を見ると、一番上の点や、真ん中あたりから右斜め下へ伸びた線が明瞭に記されています。これが「ごんべん」の典型的なくずし方です。

同じ日付で輝元は、家政の父である「蜂須賀彦右衛門尉」（正勝）にも書状を発給しています。その書状の文言は、この書状とほぼ同一ですが、正勝へ宛てた書状には「以御馳走」の文言がありません。したがって、秀吉と毛利氏との停戦交渉にあたって、家政が毛利氏との直接の窓口として奔走したと考えられます。

「本望」とは「望みを達成して満足であること」を意味します。「本」は、これが典型的なくずし方です。「望」は難読ですので、形ごと覚えてしまいましょう。「候」は、「本望」で紙の端まで書いたため、「望」の左横に書かれています。「望」と一体の字と考えてしまうと、判読できなくなりますので、注意しましょう。

「以御馳走秀吉申談、本望候」、つまり「御馳走を以て秀吉申し談じ、本望に候」とは、「(家政の)ご奔走によって、秀吉と話し合い、望みを達成して、満足です」という文意になります。

③ 

ここは、「殊天下被属御勝利段、尤珍重候」と読みます。

「殊天下」の中では、「天」が楷書体と異なるために難読かもしれません。平仮名「て」と形が似ているのは、「て」の字母が「天」だからです。なお、「天下」とは国家や日本全国を指す語としても用いられますが、この段階における秀吉は、光秀を破ったに過ぎません。畿内一帯を指す語として、「天下」を用いた例もあります。ここでは、後者と考えたほうがよいでしょう。

「被属御勝利」は「御勝利」を先に読み、「属」、「被」と順次返って読みます。「属」の右横に見える点は汚れではなく、「属」の一部です。「属」のくずし字の特徴として覚えておくと、判読に役立ちます。ここでの「被」は相手を敬う表現として用いられており、「勝利」に「御」を付していることも含め、毛利氏と秀吉との関係が改善したことを示しています。「段」の左側は縦二本線のようなくずしとなっていて、楷書体とは異なる形をしていますが、この形が「段」の典型的なくずし方ですので、ぜひ覚

えてください。

「尤（もっとも）」も頻出する文字です。平仮名「む」と似た形になることもありますので、注意しましょう。左下の払いが短く書かれるのが特徴です。「珍重候（ちんちょう）」の「珍重」は「もてはやす」という意味もありますが、ここでは「めでたい」という意味です。ここでの「珍」は、異体字「珎」のくずし字が書かれています。「重」は、この形が典型的なくずし字です。

「殊天下被属御勝利段、尤珍重候」、つまり「殊に天下御勝利に属さる段、尤も珍重に候」とは、「その上、（秀吉が）畿内における戦い（山崎の戦い）において勝利されたとのこと、いかにもめでたいことです」という文意になります。

④ 

ここは、「彼是以都鄙之大慶此節候」と読みます。

「彼是以」の中では「彼」が難読です。「ぎょうにんべん」の特徴として、縦棒の真ん中あたりに点が書かれることを覚えておくと判読に役立ちます。「是」は「是非」も頻出する大事な文字です。楷書体とは異なり、最後の一画が上に跳ねることが多いので、注意しましょう。「彼是」は「いろいろと」という意味ですが、ここでは本能寺の変後

における一連の合戦を総体的に表現したものと考えられます。「都鄙（とひ）」は、直訳すると「都と田舎」という意味ですが、畿内およびその周辺を支配する羽柴氏と、中国地域を支配する毛利氏を指す表現と考えられます。「大慶（たいけい）」は、「大変喜ばしい」という意味です。「慶」の部首である「まだれ」は①の「度」にも用いられていますが、「慶」の場合、このくずしのように払いが極めて短くなることが多いので、部首からの判読が難しいです。それゆえ形ごと覚えておきましょう。「此節候」のは「此」の典型的なくずし字です。「節」は、本来の部首である「たけかんむり」ではなく、のように「くさかんむり」で書かれることが多いのが特徴です。これは「節」の異体字「莭」がくずれた文字だからです。

「彼是以都鄙之大慶此節候」、つまり「かれこれ以て都鄙の大慶この節に候」とは、「いろいろとありましたが、羽柴・毛利両氏にとって今は大変喜ばしいことになりました」という文意になります。

⑤ 

ここは、「仍太刀一腰・銀子十枚令進之候」と読みます。

「仍」は頻出の文字で、一字でも「よって」と読みます。「何」のくずし字と似てき

ますが、旁が平仮名「の」のように筆を回していることに着目すると、判読できます。「太刀」や「銀子」は、進物としてしばしば贈られるものですので、単位「腰」や「枚」を覚えておくと便利です。が「かねへん」の典型的な形ですので、ぜひ覚えておきましょう。「銀」以外にも「鉄」や「銭」が頻出します。

なお、家政に宛てた書状と父正勝に宛てた書状を比較すると、正勝には銀子百枚が贈られており、家政の十倍です。家政は「小六」という仮名（けみょう）で表記されており、官途を称していません。これに対して正勝は「右衛門尉（えもんのじょう）」という官途を称していることから、贈答の面において明確な差をつけたものと考えられます。

「令」は、①で見た「今」と似ていますが、誤読しないように注意してください。次の「進」は、「太刀」や「銀子」が進物であることに着目すれば、「進」だと推測できそうです。「しんにょう」のくずしを覚えておきましょう。なお、ここでは「すすむ」ではなく「まいらす」と読み、「之」「進」「令」と下から順に「これをまいらせしめ」と読んでから「候」を読みます。

「仍太刀一腰・銀子十枚令進之候」、つまり「仍て太刀一腰・銀子十枚これを進らせしめ候」とは、「そのため、太刀一腰・銀子十枚をお贈りします」という文意になります。

⑥ 

ここは、「寔補御祝儀計候」と読みます。「寔」は一字で「まことに」と読みます。「うかんむり」の下の部分は「是」です。「是」のくずし字を覚えておき、「うかんむり」を判読できれば、「寔」は読めるでしょう。なお、「是」は④に出てきました。

次は「御祝儀」から先に読み、「補」に返って読みます。「補」は「甫」から判断しましょう。「補」の「ころもへん」も、「祝」の「しめすへん」も同じ形になります。「御」は②で、「儀」は①に同形のものが用いられています。くずし字の判読が難しい場合には、似た形の文字が文中のほかの箇所に見当たらないかを探してみましょう。

ですが、「計」と「斗」はほとんど同じ形になるため、区別が困難です。それゆえ、一般的な自治体史や史料集などでは、穀物や酒などの単位の場合には「斗」を、それ以外は「計」と読み分けることが多いです。

「寔補御祝儀計候」、つまり「寔に御祝儀補うばかりに候」とは、「本当に、お祝いをするのみです」という文意になります。

⑦

ここは、「弥長久可申承候」と読みます。「弥」は、一字で「いよいよ」と読みます。人名で用いられた場合に「孫」と誤読することもありますが、この箇所の「弥」は間違えようがありません。「可申承候」は、「申承」を先に読み、「可」に返って読みます。「申」は、②で見たではなく、この形が典型例です。「承」は難読文字で、一見すると平仮名「れ」に見えるかもしれません。こういう文字は形ごと覚えてしまいましょう。「可」は頻出しますので、必ず覚えてください。

「弥長久可申承候」、つまり「いよいよ長久申し承るべく候」とは、「ますます今後も長きにわたる親交をお願いします」という文意になります。

⑧

ここは、「猶任安国寺西堂口上候」と読みます。「猶（なお）」は頻出文字で、「尚」と併用されます。が「けものへん」の典型的なくずし方ですので、覚えてしまいましょう。次に、「安国寺西堂口上」を

先に読み、「任」に返ります。「安国寺西堂」とは、毛利氏の外交僧安国寺恵瓊（あんこくじえけい）のことで、「西堂」とは諸山の住持のことです。安芸安国寺も諸山に列座していたため、恵瓊も「西堂」と呼ばれていました。「国」は頻出文字で、の部分が「くにがまえ」です。この特徴的な「くにがまえ」のくずし方をぜひ覚えておきましょう。

「西」のくずし字は難読ですが、「西」に限らず「東西南北」は覚えておくと便利です。「口」のくずし方は「江」に似た形になることもありますが、ここでは次の文字が明瞭に「上」と読めますので、「口」と判読できます。

「猶任安国寺西堂口上候」、つまり「なお安国寺西堂口上に任せ候」とは、「なお安国寺恵瓊が口頭でお伝えします」という文意になります。

⑨

ここは、「恐々謹言」と読みます。

書状における典型的な書止文言「恐々謹言」は、くずし方に多くのパターンがありますので、本書に収録しているほかの書状と比較しながら覚えるとよいでしょう。

最後に、日付は「七月十八日」、差出人は「輝元（花押）」、宛名は

「蜂須賀小六殿」です。輝元の花押は年を追うごとに数回改変されていますので、それが文書の発給年の手掛かりになります。

宛名の左下に記された「御宿所」は、脇付です。宛先の人物に対して敬意を示すために付されるもので、「御宿所」のほか、「参人々御中」「人々御中」「進覧」「進之候」などが用いられますので、覚えておきましょう。

〔**釈文**〕

今度和睦之儀、以御」馳走秀吉申談、本望候」殊天下被属御勝利」段、尤珍重候、
彼是以都」鄙之大慶此節候、仍太」刀一腰・銀子十枚令進之候、」寔補御祝儀計候、
弥」長久可申承候、猶任安国」寺西堂口上候、恐々謹言、」

七月十八日　輝元（花押）

蜂須賀小六殿

御宿所

〔**読み下し文**〕

今度和睦の儀、御馳走を以て秀吉申し談じ、本望に候、殊に天下御勝利に属さる段、尤も珍

重に候、かれこれ以て都鄙の大慶この節に候、仍て太刀一腰・銀子拾枚これを進らせしめ候、
寔に御祝儀補うばかりに候、いよいよ長久申し承るべく候、なお安国寺西堂口上に任せ候、
恐々謹言、

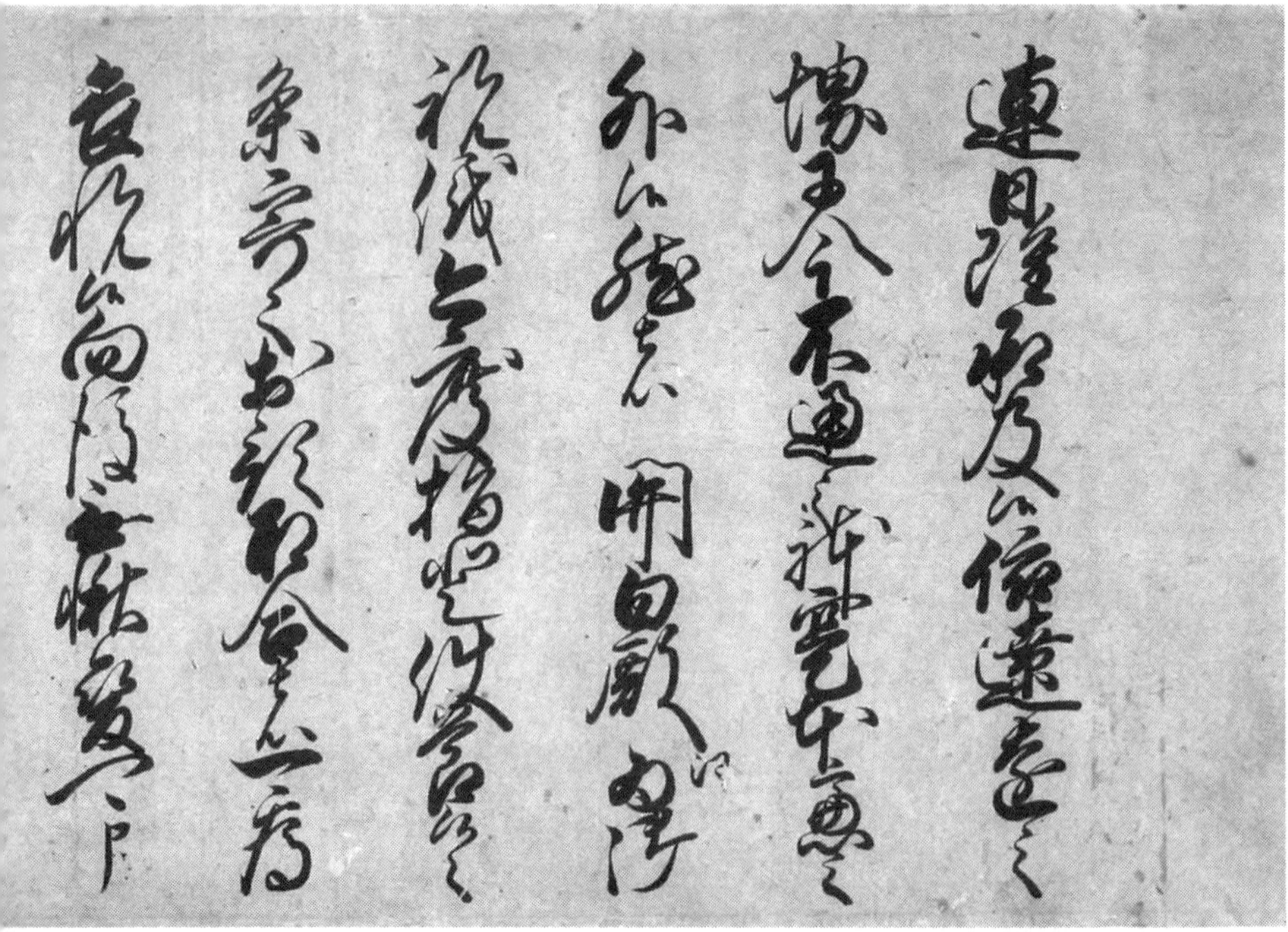

（天正13年）12月13日付け島津義久書状

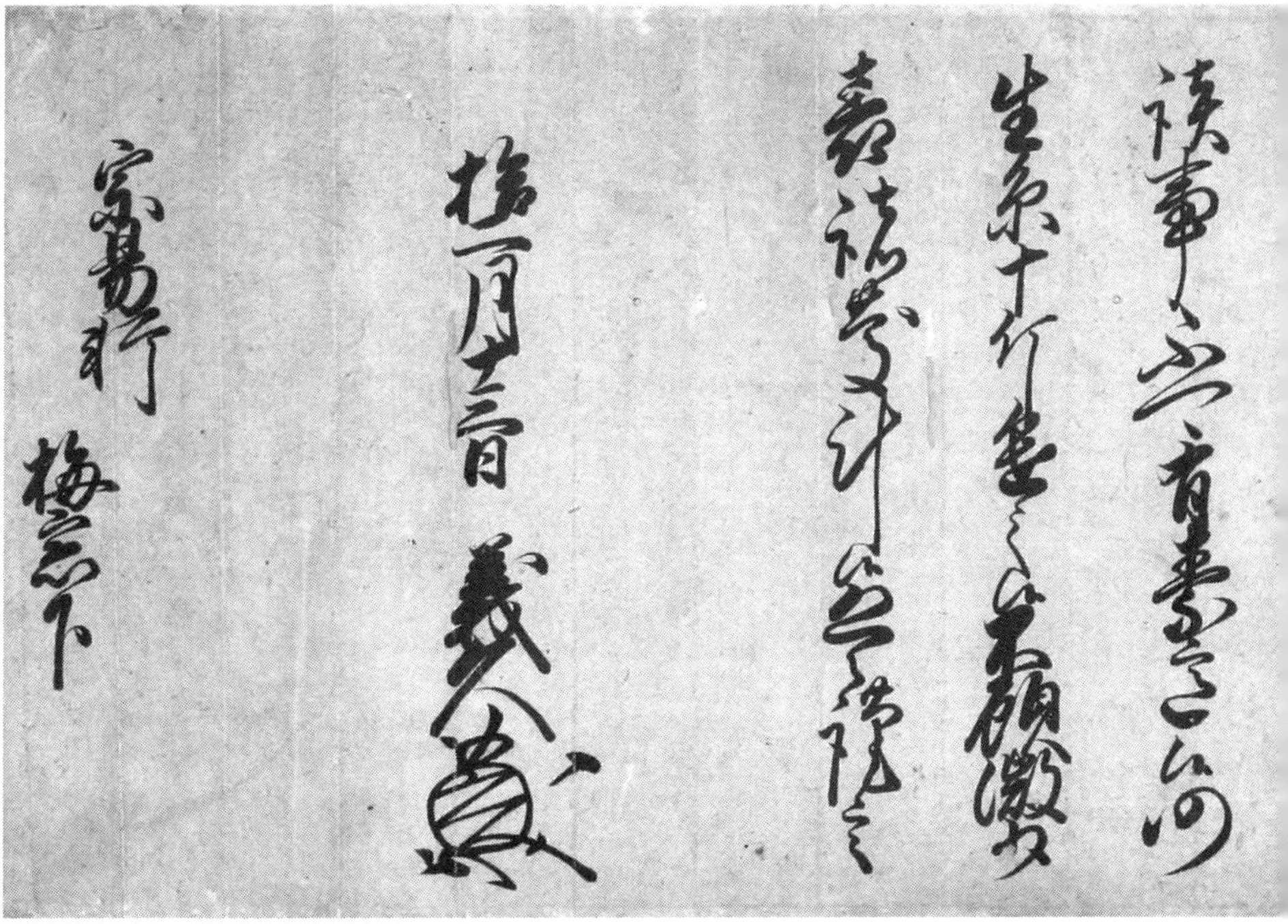

早稲田大学図書館所蔵

⊕（天正十三年）十二月十三日付け島津義久書状

この書状は天正十三年（一五八五）に比定される島津義久（しまづよしひさ）のもので、宛先は茶人として名高い千宗易（せんのそうえき）（利休（りきゅう））です。

義久は天文二年（一五三三）、貴久（たかひさ）の長男として生まれました。義久の祖父忠良（ただよし）は島津家の庶流伊作（いざく）家の出身でしたが、別の庶流相州（そうしゅう）家も継承するなどして、島津氏一族における有力者となり、貴久が島津本宗家を継承しました。義久の代には、薩摩・大隅・日向三国の統一を成し遂げ、さらに、天正十二年（一五八四）には肥前の龍造寺隆信（りゅうぞうじたかのぶ）を討ち取って、この書状を発する頃には、九州西部をほぼ制圧しています。また、豊後の大友（おおとも）氏領への侵攻も企てていました。

千宗易は和泉国堺（大阪府堺市）の町人で、茶道の大成者として知られています。織田信長の茶頭（さどう）、のちに豊臣秀吉の茶頭を務めました。また、諸国の大名と秀吉との仲介役もしばしば務めていました。

① 

ここは「連日雖承及候」と読みます。

「連日」は、ここでは「先頃」という意味です。「雖承及候」は、「承及候」を先に読んで、「雖」に返って読みます。「承」のくずし字は、楷書体とはかなり異なる形になることもありますが、これは読みやすい部類に入ります。ここでは「雖」が難読です。「雖」は一字で「いえども」と読み、「○○だけれども」という意味で、しばしば用いられます。部首「ふるとり」に注目しましょう。

「承及候」とは、この年の十月二日付けで秀吉が義久に発した、いわゆる秀吉の「九州停戦令」（112・113頁）にあたって、秀吉直書（『大日本古文書　島津家文書』）に副えられた、長岡玄旨（細川幽斎）と連署で宗易が島津氏家臣の伊集院忠棟に対して発した副状（『松井氏所蔵文書』）について、義久も目を通したことを意味しています。

「連日雖承及候」、つまり「連日承り及び候といえども」とは「先頃、（宗易からの）副状をいただいたのですが」という文意になります。

②

ここは「依遼遠之堺」と読みます。

「遼遠之堺」から先に読み、「依」に返って読みます。

「遼」、「遠」も共に、部首は・「しんにょう」ですが、前者のほうが楷書

体に近い形で判読しやすいです。しかし、「遠」のような「しんにょう」のくずし方が典型例ですので、ぜひ覚えておきましょう。

「堺」の右側上部は「田」ですが、「由」のようなくずしに見えることが少なくありません。部首「つちへん」がきれいに書かれています。「依遼遠之堺」、つまり「遼遠の堺により」とは「遠く離れた場所ですので」という文意になります。

③ 

ここは「于今不通之躰、寔本慮之外候」と読みます。

「于今」は、「今」から先に読み、「于」に返って読みます。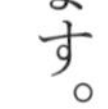「于」は、現在ではほとんど用いられない漢字なので難読です。しかし、下に「今」がありますので、「今に」という言葉だと気づけば、判読できるでしょう。なお、は「爾」の略字体「尓」と同じ形になり、かつ「尓今（じこん）」という言葉もありますので、注意が必要です。

「不通」の「通」の部首「しんにょう」は、①の「連」や②の「遼」と同形です。「躰」は慣れないと難読かもしれません。部首「みへん」は「身」のくずし方とは少し異なり、むしろ、「しめすへん」に似た形となります。ここでは、旁の「本」

に注目したほうが判読しやすいでしょう。すぐ下に「本慮」とあり、その「本」と比べると、ほとんど同形であることに気づきます。そこで、旁に「本」を用いる文字を検討すればよいのです。「躰」は「体」の俗字ですが、古文書では「体」よりも「躰」のほうが圧倒的に出てきます。

「寔（まことに）」は、部首とそれ以外に分けてみると、読みやすくなります。部首は「うかんむり」で、下の部分は「是」です。「是非」や「彼是」といった熟語で頻出しますので、「是」のくずし字は覚えておきましょう。

「本慮」は、「慮」が難読ですが、「慮」の部首「したごころ」に注目すれば、くずし字辞典で探し出せます。また、「したごころ」の上に「田」のようなくずしが見えるでしょうか。「田」＋「心」で「思」です。「思」を用いる文字を考えれば、「慮」にたどり着けるかもしれません。「外」は頻出します。このくずし方が典型例ですので、覚えておきましょう。「本慮」とは「自分の本心」のことであり、「外」にあるということは、「不通」になっている状況が、自分の本心ではないことを示そうとした表現です。

「于今不通之躰、寔本慮之外候」、つまり「今に不通の躰、寔に本慮の外に候」とは、「（副状をいただいたにもかかわらず）今になっても（こちらから）連絡がとれていない状況は、本当に私の本意ではありません」という文意になります。

④ 

ここは「然者関白殿江為御祝儀」と読みます。

「然者」は、話題を転換する際に書かれる頻出の語句で、「しからば」「しかれば」と読みます。「然」は、楷書体と全く異なる形になりますので、形ごと覚えてしまいましょう。「者」にはいくつかのくずし方がありますが、この形もよく出てきます。

「関白殿」とは誰でしょうか。この年の七月に関白に任官した秀吉を指しています。「者」と「関」との間が少し空いていますが、これは「欠字（けつじ）」です。関白という公家の最高位に就いた秀吉に対する敬意を示すために用いられたのでしょう。ただし、通常の欠字に比べて空白が狭いように感じます。この時点では、島津氏は豊臣政権に服従していませんので、形式的には敬意を示したものの、秀吉を天下人と認めていない義久の感情が、この欠字に反映しているのかもしれません。

「江」は、少し小さい文字で書かれています。この「江」は格助詞の「へ」です。このような変体仮名に用いられる文字が小さな字で書かれている場合、格助詞や送り仮名です。

「為御祝儀」は、「御祝儀」を先に読み、「為」に返って読みます。「御」、「祝」、「儀」、いずれも頻出の文字ですが、いずれも楷書体

に近い形ですので、これらのくずし方を覚えておくと役に立つでしょう。「祝」のが「しめすへん」の典型的な形です。「為」には、「〇〇のため」「〇〇として」「〇〇たり」など、様々な読み方がありますが、ここでは「御祝儀として」と読むのがよいでしょう。

「然者関白殿江為御祝儀」、つまり「然れば関白殿へ御祝儀として」とは、「そこで、関白殿へお祝いとして」という文意になります。

⑤

ここは「今度指登使節候之条」と読みます。

は「今度」です。「今」は③にもありましたが、この「今」のほうが判読しづらいです。しかし、このくずし方がよく見られる形ですので、覚えておきましょう。

「指登使節」は、「使節」を先に読み、「指登」に返って読みます。「使」は、「にんべん」を手掛かりに判読しましょう。②の「依」も「にんべん」です。「節」は頻出の文字ですので、ぜひ覚えてください。91頁でも触れましたが、「たけかんむり」ではなく、「節」の異体字「莭」がくずれているので「くさかんむり」になっているのです。「指」はは「てへん」と「旨」が、しっかりと書かれていますので、読みやすいと思いますが、「登」が難読です。こういった楷書体とは全く異なる形になるくずし字は、形ごと覚えてしまうしかありません。「指登」は「さしのぼす」と読み、ここでは「上方方面へ派遣する」という意味です。「指上」と表現されることもありますので、覚えておくとよいでしょう。

「今度指登使節候之条」、つまり「今度使節指し登せ候の条」とは、「このたび使者をそちらへ派遣しましたので」という文意になります。

⑥ 

ここは「寄々於預取合者、可為畏悦候」と読みます。「寄」は、「うかんむり」や下の「可」に気づくと、判読できます。は踊り字「々」ですが、「之」と誤読しないようにしましょう。「寄々」は「ますます」という意味ですが、ここでは「引き続き」という意味にとったほうがよさそうです。「於預取合」は、「取合」を先に読み、「預」、「於」と順次返って読みます。ここでは「取」が難読でしょうか。部首の「又」が、このように止めが交叉しないことも多いので、注意しましょう。「取合」は「世話をする、面倒をみる」という意味です。「預」は部首の「おおがい」を必ず覚えて、判読の手掛かりにしましょう。「於」は、平仮名「お」の字母です。「出」と形が似てきますので、気をつけて

ください。

「可為畏悦候」は、「畏悦（いえつ）」を先に読み、「為」、「可」と順次返って読みます。まず、「畏」の部首は上部の「田」ですが、これは「田」に見えません。むしろ、下部のを手掛かりしたほうがよさそうです。「畏悦」とは、喜ばしいことを示す謙譲表現です。「悦」には、きれいな「りっしんべん」が書かれています。「可為」は「たるべし」と読む頻出表現ですので、セットでくずし方を覚えておきましょう。「為」は、④で見た「為」よりも、しっかりと書かれています。

「寄々於預取合者、可為畏悦候」、つまり「寄々取り合わせに預かるにおいては、畏悦たるべく候」とは、「引き続き、お世話いただけますと、うれしく思います」という文意になります。

⑦

ここは、「向後無愀変可申談事、不可有素意候」と読みます。
「向後」は「きょうこう」と読み、「これからのち、今後」という意味です。
「後」の部首「ぎょうにんべん」は頻出します。「無愀変」は、「愀変」を先に読み、「無」に返って読みます。「無」は頻出する形です。

「愀変」は「しゅうへん」と読み、「心や態度を変えること」という意味です。「愀」は用いられることの少ない文字ですが、「りっしんべん」が判読できれば、旁は「秋」と読めます。「可申談」は、「申談」を先に読み、「可」に返って読みます。「談」の部首「ごんべん」は、ぜひ覚えておきましょう。「不可有」は、下から順次返って読みます。古文書では非常によく用いられる表現で、「あるべからず」と読みます。「素意」は本来、「日頃の願い、本心」というような意味ですが、ここでは「疎意」と同じ意味にとるべきでしょう。「意」は、楷書体と異なるこの形を覚えるようにしてください。

「向後無愀変可申談事、不可有素意候」、つまり「向後愀変なく申し談ずべき事、素意あるべからず候」とは、「今よりあとも心変わりすることなく相談することを、疎かにするつもりはございません」という文意になります。

⑧ 

ここは「仍生糸十斤進之候」と読みます。

「仍」は、一字で「よって」と読み、本書に何度も登場しています。贈答品の単位は品目ごとに決まっていますので、覚えておきましょう。「生糸（きいと）」は「斤（きん）」

です。「進」の部首は、②の「遠」と同じ形をしています。仮に「しんにょう」が判読できても、「遺」と誤読するかもしれません。その場合、贈り主と贈り先を考えましょう。ここでは、義久から宗易に贈っていますので、書き手から見ると「遺」ではなく「進」になります。なお「進」は、ここでは「まいらす」と読みます。

「仍生糸十斤進之候」、つまり「仍て生糸十斤これを進らせ候」とは、「そのため、生糸十斤をお贈りいたします」という文意になります。

⑨

ここは「不顧微少、表諸慶計候」と読みます。

「不顧微少」は、「微少」を先に読み、「顧」、「不」と返って読みます。「微」の「ぎょうにんべん」は、⑦で見た「後」の「ぎょうにんべん」とは形が異なりますが、どちらも頻出する「ぎょうにんべん」ですので、覚えておきましょう。「顧」は部首の「おおがい」が、はっきりと書かれています。

次の「表諸慶」も、「諸慶」を先に読み、「表」に返って読みます。「諸」の「ごんべん」は、⑦の「談」や⑩の「謹」と同じ形です。なお、同じ「ごんべん」でも「計」は前三者と少し異なっていますが、これも「ごんべん」の典型的な形です。ここでの「計」は「○○ばかり、○○のみ」という意味です。ここで「諸」の旁である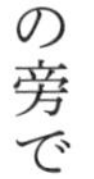「者」に注目すると、④と⑥で見た「者」と同じことがわかります。「慶」は難読ですが、この形が典型例ですので覚えてしまいましょう。右側に打たれる「点」が特徴です。

「不顧微少、表諸慶計候」、つまり「微少を顧みず、諸慶を表すばかりに候」とは、「（進物が）少量であることを気にしないで、喜びの気持ちを示すのみです」という文意になります。

⑩ 

ここは「恐々謹言」と読みます。

本書に何度も登場していますので、もう読めるようになったでしょうか。

最後に、日付は「拾二月十三日」、差出人は「義久（花押）」、宛名は「宗易軒」、脇付は「梅窓下」と書かれています。脇付は、宛先である宗易への敬意を示すために付されたものですが、「梅窓下」は用例の少ない脇付です。

なお、は「くるまへん」の典型的な形です。

〔**釈文**〕

連日雖承及候、依遼遠之」堺于今不通之躰、寔本慮之」外候、然者関白殿江為御」祝儀、今度指登使節候之」条、寄々於預取合者、可為」畏悦候、向後無愀変可申」談事、不可有素意候、仍」生糸十斤進之候、不顧微少」表諸慶計候、恐々謹言、」

拾二月十三日　義久（花押）

宗易軒

梅窓下

〔**読み下し文**〕

連日承り及び候といえども、遼遠の堺により、今に不通の躰、寔に本慮の外に候、然れば関白殿へ御祝儀として、今度使節指し登せ候の条、寄々取り合わせに預かるにおいては、畏悦たるべく候、向後愀変なく申し談ずべき事、素意あるべからず候、仍て生糸十斤これを進らせ候、微少を顧りみず、諸慶を表すばかりに候、恐々謹言、

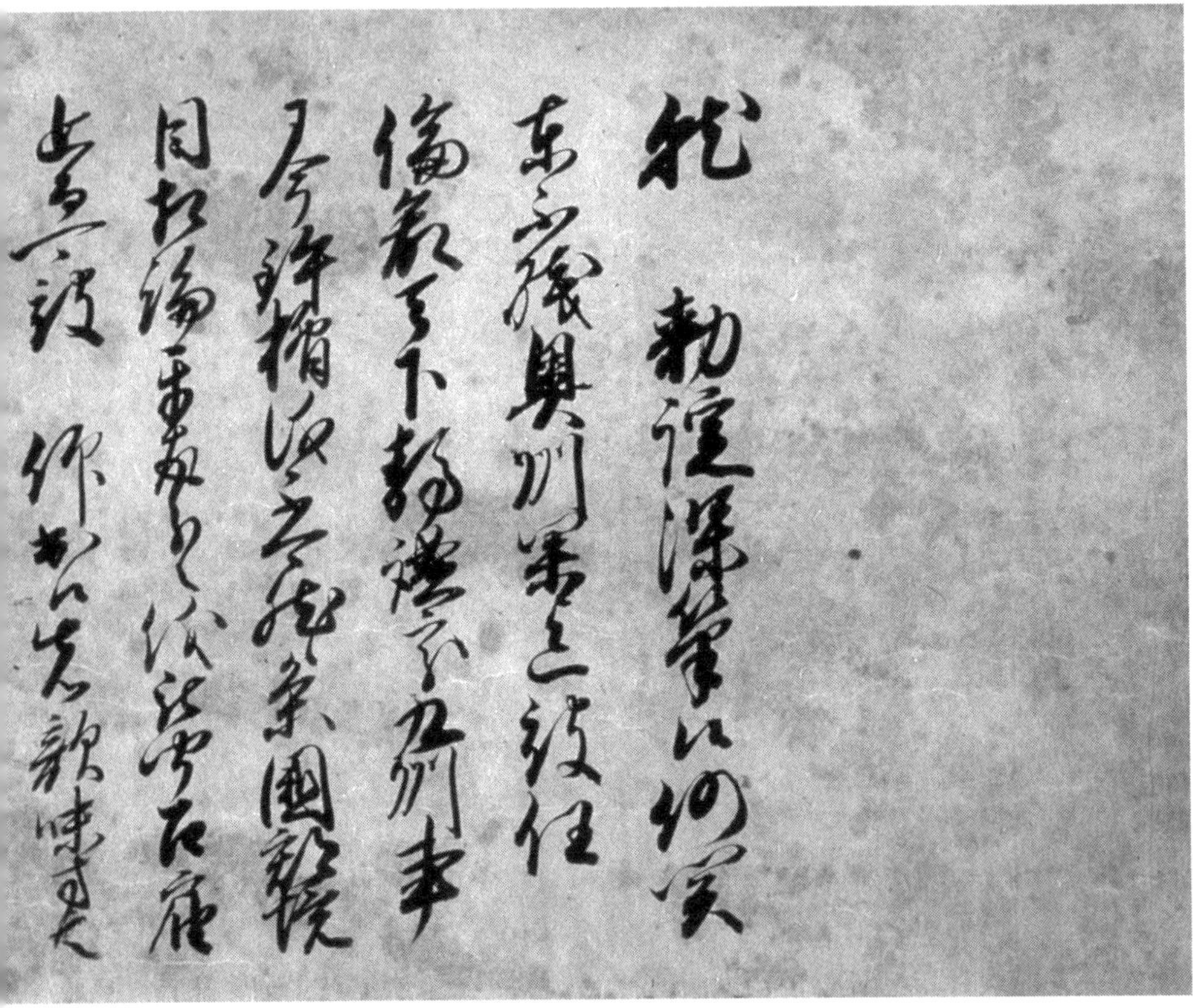

（天正13年）10月２日付け羽柴秀吉判物

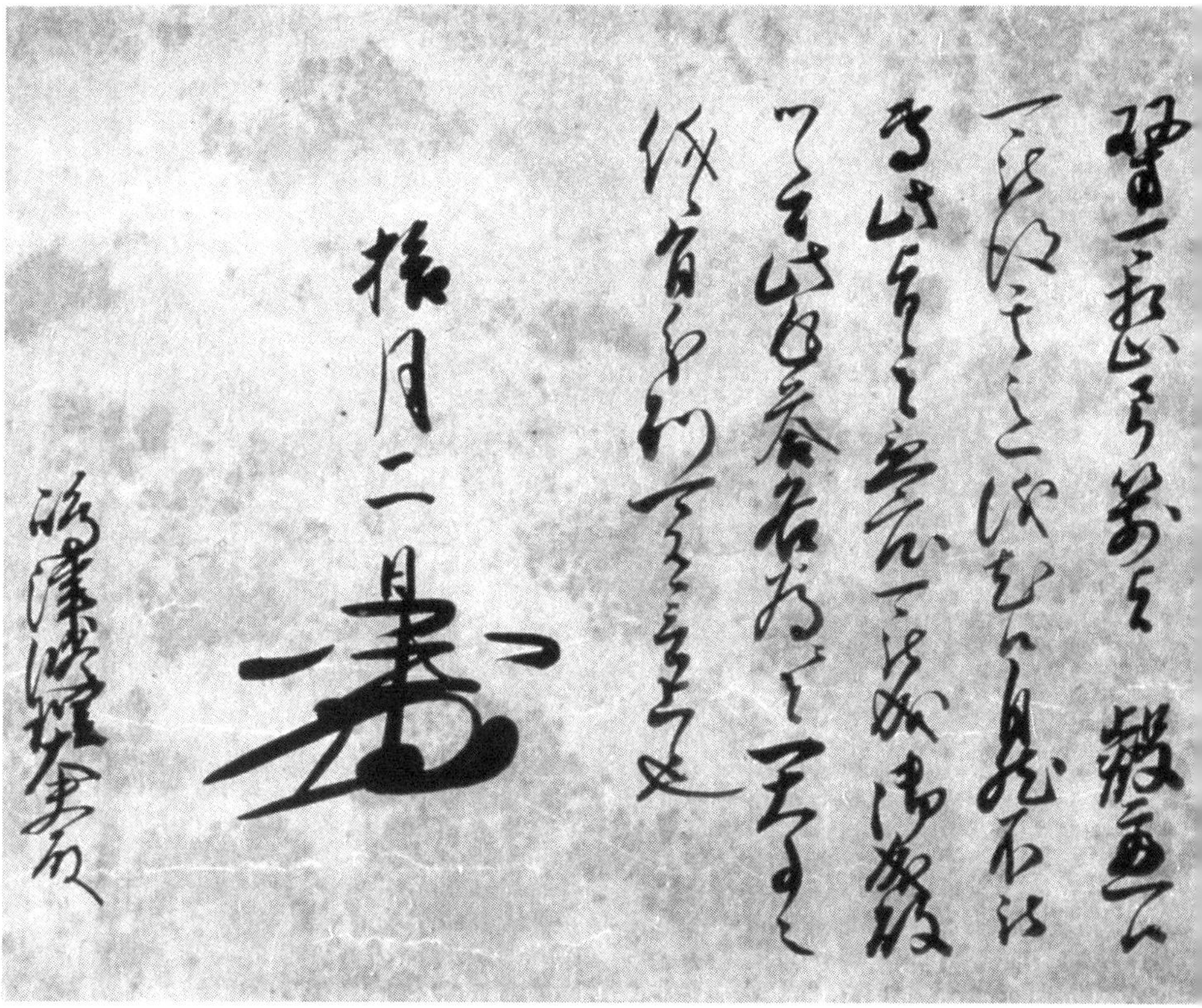

東京大学史料編纂所所蔵

（天正十三年）十月二日付け羽柴秀吉判物

この判物は、天正十三年（一五八五）に比定される羽柴秀吉のもので、宛先は島津義久です。秀吉は、天正十年（一五八二）六月二日の本能寺の変で主君織田信長が自刃したのち、明智光秀と柴田勝家を破るなど、織田氏家臣団の中で著しく台頭していきます。天正十二年（一五八四）の小牧・長久手の戦いでは、織田信雄・徳川家康と長期にわたる睨み合いの末に和睦します。

その後、畿内を平定した秀吉は、天正十三年七月に四国攻めを行い、土佐の長宗我部元親を降伏させ、同年八月には越中の佐々成政を攻めて降伏させました。これにより、秀吉の勢力は畿内・北陸・中国・四国にまで拡大しました。

義久は、南九州の戦国大名島津氏の当主です。永禄九年（一五六六）二月に父貴久が隠居して、島津氏本宗家（奥州家）の家督を継ぎました。天正年間前半には、薩摩・大隅二国を領国化して、天正六年（一五七八）十一月の耳川の戦いで、豊後の大友義鎮（宗麟）に勝利すると、日向も領国化しました。

その後は肥後へ侵攻し、相良氏や阿蘇氏を抑えて、勢力を北へ拡大させ、天正十二年三月の島原沖田畷の戦いで、肥前の龍造寺隆信を敗死させてからは、肥前南部にも進出を果たしました。この時点で、島津氏の勢力は、九州の大半に及んでいました。

① 

ここは「就　勅諚染筆候」と読みます。

「就」は通常、下に続く文字を読んでから、「就」に返って「○○につき」と読みます。

「勅諚（ちょくじょう）」は「天皇が自ら定めたこと」、つまり「勅命」と同じ意味で、天皇の命令のことです。「就」と「勅諚」の間に一文字分の空白があります。これは「欠字（けつじ）」といって、「勅諚」を出した天皇に敬意を払う意味で、一文字の空白を空けています。文書を書く作法の一つで、場合によっては改行することもあり、それは「平出（へいしゅつ）」といいます。

「染」は、下の「木」が右上の「九」の下にきて、「さんずい」が下に伸びているため、「深」に酷似しています。「筆」は、きれいな「たけかんむり」が書かれています。「染筆」は、「筆を染める」と読み、「絵や手紙を書く」という意味になります。「書く」よりも畏まった言い回しですが、「勅諚」を受けて判物を書いている、つまり天皇の命令を受けて、それを伝達しているのだ、という秀吉の意気込みが表れています。

「就　勅諚染筆候」、つまり「勅諚に就き、筆を染め候」とは「勅諚について書状でお伝えいたします」という文意になります。

②

ここは「仍関東不残奥州果迄、被任　倫(綸)命、天下静謐処」と読みます。

「仍(よって)」は、「すなわち」という意味の接続詞です。「関」は、「もんがまえ」に注目してください。「東」は、この形が典型例です。「残」は、楷書体と似ているので読めたのではないでしょうか。「不残」で「のこらず」と読みます。

「迄」には、これまで本書で何度も取り上げている「しんにょう」が書かれています。「被」は、「致」や「後」と似た形のくずしになっており、この字をかなり丁寧にくずした形です。「被」については、違うくずし方のものが、このあとに何度か出てきます。

「倫」は「倫」ですが、本来は「綸」の字を書き、天皇の命令を意味する「綸命(りんめい)」となります。漢字の音読みが同じために「倫」と書かれたのでしょうか。そして、「倫」の前、つまり「任」の下は、①の「勅諚」と同様に欠字です。ここでも秀吉は、天皇に対する敬意を示しています。「命」のくずしは難読です。

「天下静謐(てんかせいひつ)」は、慣用的な語句ですが、直訳すると「天下（世の中）が安らかに治まっている」となり、意訳すると「（世の中が）平和な状態」となります。「天」は平仮名「て」の字母なので、「て」に似てきます。「静謐」のくずしは、筆の運びのせいで字の詳細な部分がわからなくなっています。「処」は、「処」の旧字体「處」をくずしたものが書かれていますが、古文書では「處」のくずし字がよく出てきます。

「仍関東不残奥州果迄、被任倫(綸)命、天下静謐処」、つまり「仍て関東・奥州の果てまで、残さず綸(綸)命に任せられ、天下静謐のところ」とは、「すなわち、関東から奥州に至るまで、天皇の命令に従って、平和な状態になっているところに」という文意になります。

③

ここは「九州事、于今鉾楯儀、不可然候条」と読みます。

「于」は、助詞の「に」を意味しており、「今」を先に読んでから返って「今に」と読みます。「鉾楯」は、武器の「ほこ(矛)」と身を守る「たて(盾)」のことです。中国の故事成語に、前後の辻褄が合わないことを意味する「矛盾」という言葉がありますが、そこから転じて、ここでは「戦争、合戦」という意味になります。「鉾」には、きれいな「かねへん」が書かれています。「儀」が少し難読かもしれません。が「にんべん」ですが、②で見た「仍」、「任」、「倫」とは異なる書き方です。しかし、これも「にんべん」なのです。「儀」は、このあとに何度も出てきますので、旁の「義」に注目して、覚えるようにしましょう。

「不可」は、筆運びによって二つの文字が繋がっているため、一字に見えるかもしれません。「然」を読んでから、「可」「不」と順に返って「しかるべからず」と読みます。「然」は、この形が典型例です。「然」から続く「候」を見落とさないように注意してください。

「九州事于今鉾楯儀、不可然候条」、つまり「九州の事、今に鉾楯の儀、然るべからず候条」とは、「九州のことについては、現在も戦争状態となっており、よろしくない」という文意になります。

④ 

ここは「国郡境目相論、互存分之儀、被聞召届」と読みます。

「国郡境目相論」とは、「国や郡の境界に関する相論」という意味で、意訳すると「(諸領主たちの)領土争い」となります。「国」は旧字体「國」のくずし字が書かれています。「郡」の「おおざと」の形を覚えましょう。「相」は頻出する大事な文字ですが、この形が典型例です。続く「互存分」が、いずれも難読です。特に「互」と「分」は楷書体と異なる形になりますので、形ごと覚えてしまいましょう。「之」は、通常よりも長さが短いため、「之」に見えないかもしれません。

「聞召」は、「聞く」の尊敬語で、「お聞きになる」という意味です。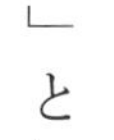「届」には、尊敬を意味する「被」が付いています。これらの敬意は、①・②の欠字と同じく、天皇に対するものです。「聞召届」を読んでから「被」に返って、「きこしめしとどけられ」と読みます。「被」は、②で見た「被」よりも簡略して書かれています。

「国郡境目相論、互存分之儀、被聞召届」、つまり「国郡の境目相論、互いの存分の儀、聞し召し届けられ」とは、「領土争いについては、（天皇が）お互いの考えをお聞き届けられ」という文意になります。

⑤

ここは、「追而可被　仰出候」と読みます。

「追」のくずし字は「近」に似ています。「而」は、この場合「追」の送り仮名「て」として漢字が当てられ、「追而（おって）」という頻出語になります。「決而」「至而」「兼而」「別而」「仍而」など、いろいろな漢字と組み合わされ、平仮名「る」と酷似します。「被」は、②の「被」と同じです。「可」の形に注意してください。

「仰出」の前の空白は、①・②と同様に天皇への敬意を表す欠字です。「仰」のくずし字は「作」に似ており、「出」のくずし字は平仮名「お」に似ていますが、ど

ちらも典型的なくずし方です。

「追而可被　仰出候」、つまり「追って仰せ出ださるべく候」とは、「のちに（天皇から）仰せになります」という文意になります。①で秀吉が「勅諚」を受けていることから考えると、「仰出」の主語は天皇です。もちろん、実質的には秀吉の命令なのですが、この文書では、秀吉が天皇の命令を受けていることを示すような言葉遣いをしていることが重要です。

⑥ 

ここは、「先敵味方共、双方可相止弓箭旨、叡慮候」と読みます。は「共」の典型的なくずし方です。「方」は二字ありますが、どちらも平仮名「す」に形が似ています。「止」は、「心」に形が似ていますが、これも典型的なくずし方です。「弓箭（きゅうせん）」とは「弓矢」のことで、③の「鉾楯」と同じ「戦争、合戦」という意味です。「箭」自体は頻出語ではありませんが、「たけかんむり」と「前」のくずし字がしっかりと書かれていることに注目してください。「旨」は「者」のくずし字と似てきますので、判読の際には注意する必要があります。「叡慮（えいりょ）」とは「天皇の考え」という意味です。「勅諚（ちょくじょう）」や「綸命（りんめい）」と同じように、天皇に敬意を表す欠字があります。「慮」は難読ですが、の部分が「したごころ」です。

「先敵味方共、双方可相止弓箭旨、 叡慮候」、つまり「先ず敵・味方共、双方弓箭相止むべき旨、叡慮に候」とは、「まず敵・味方は双方共に戦争を停止すべきであるということが、天皇のお考えである」という文意になります。秀吉は、天皇の考えを間接的に伝えている書き方をしていますが、⑤と同様に実質的には秀吉の考えです。

⑦ 

ここは、「可被得其意儀、尤候」と読みます。

「可被得其意」は「そのいをえらるべし」と読み、古文書の中でよく見られる表現です。直訳すると「その意思を得られるように」となり、意訳すると「そのことを承知するように」となります。「被」は④で見たものと同じです。「得」は、最も簡略化した場合のくずし字ですが、これが典型的なくずし方の一つです。の「ぎょうにんべん」を手掛かりに判読しましょう。「其」は難読ですが頻出する文字で、この形が典型例です。「其」と同様、楷書体とは全く形が異なる「意」も難読です。②の「迄」と間違えないように注意しましょう。「其」や「意」は、形ごと覚えてしまうしかありません。「尤」は、二画目の左払いが極端に短くなるのが特徴です。

「可被得其意儀、尤候」、つまり「その意を得らるべき儀、尤もに候」とは、「そのことを

承知するのが、当然である」という文意になります。秀吉は、⑥の内容について、ここで了承するようにと念押ししているのです。

⑧ 

ここは、「自然不被専此旨候者、急度可被成御成敗候之間」と読みます。

「自然」は、「じねん」と読み、ここでは「おのづから」という意味になります。「然」は③に出ていました。「専」は、「守」に形が似ていますが、この形が典型例です。ここでは一字で「もっぱらにす」と読みます。「此」は頻出する形です。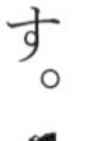「旨」は⑥でも見ました。「不被専此旨」は、「此旨」を読んでから「専」「被」「不」と順に返って、「この旨を専らにせられず」と読みます。

「候者」は、「そうらわば」と読み、「○○であるならば」という意味です。「者」は一見すると平仮名「と」に似ていますが、「者」と読まないと意味が通じません。「急度」は「きっと」と読み、「絶対に」という意味です。「急」の「したごころ」は、⑥で見た「慮」と同じく横線で示されています。「度」の「まだれ」は、左側の払いが楷書体とは異なる位置から書かれることに注意してください。次は「御成敗」を先に読み、「成」「被」「可」と順に返って「ごせいばいなさるべく」

と読みます。「敗」はが「かいへん」、が「ぼくにょう」のくずしです。最後の「間」は難読で、「者」のくずし方と非常によく似ています。また、文章の後ろに付く助詞として「者」と同じように用いられるので、解読の際には非常に注意が必要です。

「自然不被専此旨候者、急度可被成御成敗候之間」、つまり「自然この旨を専らにせられず候わば、急度御成敗成さるべく候の間」とは、「おのづから、この事を専らにしないのであるならば、絶対に成敗されるので」という文意になります。ここで秀吉は、天皇の停戦命令（実質的には秀吉の命令）に従わない時は、成敗する＝軍勢を出して討伐すると明言しています。

⑨ 

ここは、「此返答、各為ニ者一大事之儀候、有分別、可有言上候也」と読みます。「返」は、「しんにょう」が丸まって、旁の「反」とくっついてしまっています。「答」は、本来「たけかんむり」の文字ですが、異体字「荅」がくずれているために「くさかんむり」になっているのです。「ニ」はカタカナで、助詞の「に」ですが、ほかの文字より小さく右に寄せて書かれるのが一般的です。見落とさないように注意しましょう。「者」は、⑧に出てきたものと同じです。には三文字が書かれていて、順に「一」、「大」、「事」で

す。どこまでが一字なのかを見極められるようになるには、たくさんの古文書を読むしかありません。「儀」から続けて書かれている「候」を見落とさないようにしましょう。は、どちらも「有」です。くずし方が異なっていて、前者が原形をとどめており、後者はかなり形がくずれていますが、どちらもよく見られるものです。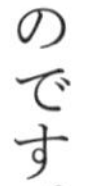「分」は④で見ました。「別」が読みづらいですが、旁の「りっとう」を手掛かりにしてください。「言」は、慣れないと読みづらいかもしれません。最後のは、「候」と「也」が一字のように書かれています。「候」を見落とさないようにしましょう。

「此返答、各為ニ者一大事之儀候、有分別、可有言上候也」は、つまり「この返答、おのおののためには一大事の儀に候、分別あって、言上あるべく候なり」とは、「この返答については、おのおの（島津家）にとって一大事なので、よく考えて申し上げるように」という文意になります。最後に秀吉は、島津氏に分別のある返答を求めていますが、要するに自分の命令に従って停戦するように、と言っているわけです。

最後に、日付は「拾月二日」、差出人の部分には大きく秀吉の花押が据えられています。宛名は「嶋津修理大夫殿」。宛名の位置が低いことに注目してください。

この判物は、秀吉が九州に「惣無事」を呼びかけた、いわゆる秀吉の「九州停戦令」として有名なものです。本文の内容からもわかるように、かなり上の立場からの物言いです。それは、文末の書止文言「候也」からもわかります。

「候也」は、室町幕府の足利将軍家が発給する御内書、天正三年（一五七五）十一月に信長が従三位に叙位され、権大納言と右近衛大将に任官して以降の発給文書に見られるように、相手に対して敬意が薄い場合に用いられる書止文言です。

その理由は、この判物が出される約三ヶ月前の天正十三年七月に、秀吉が従一位関白に叙任されたことが挙げられます。武家として初めての叙任です。本文で、「勅諚」「倫（綸）命」「叡慮」という言葉が用いられているのは、そのためです。このことから、秀吉が朝廷を自身の後ろ楯とすることで、自らの権力を維持し、島津氏に停戦を命じたと言えます。

また、この判物が島津氏に宛てられている理由については、当時、九州で勢力を拡大する島津氏に対抗した豊後の大友氏が関係しています。連年にわたる島津氏の攻勢に悩まされた大友宗麟は、畿内で朝廷を背景に勢力を拡大する秀吉に接近しました。このことから、本文の「互存分」とは、具体的には大友氏と島津氏の考えを指し、「敵味方」も同様に両氏を指していると考えられます。

〔**釈文**〕

就　勅諚染筆候、仍関」東不残奥州果迄被任　」倫(綸)命、天下静謐処、九州事、」于
今鉾楯儀、不可然候条、国郡境」目相論、互存分之儀、被聞召届」追而可被　仰出候、
先敵味方共、」双方可相止弓箭旨、　叡慮候、」可被得其意儀、尤候、自然不被」専
此旨候者、急度可被成御成敗」候之間、此返答、各為二者一大事之」儀候、有分別、
可有言上候也、」

拾月二日（秀吉花押）

嶋津修理大夫殿

〔**読み下し文**〕

勅諚に就き、筆を染め候、仍て関東・奥州の果てまで、残さず倫(綸)命に任せられ、天下静謐の
ところ、九州の事、今に鉾楯の儀、然るべからず候条、国郡の境目相論、互いの存分の儀、
聞し召し届けられ、追って仰せ出ださるべく候、先ず敵・味方共、双方弓箭相止むべき旨、
叡慮に候、その意を得らるべき儀、尤もに候、自然この旨を専らにせられず候わば、急度御
成敗成さるべく候の間、この返答、おのおののためには一大事の儀に候、分別あって、言上
あるべく候なり、

中級編

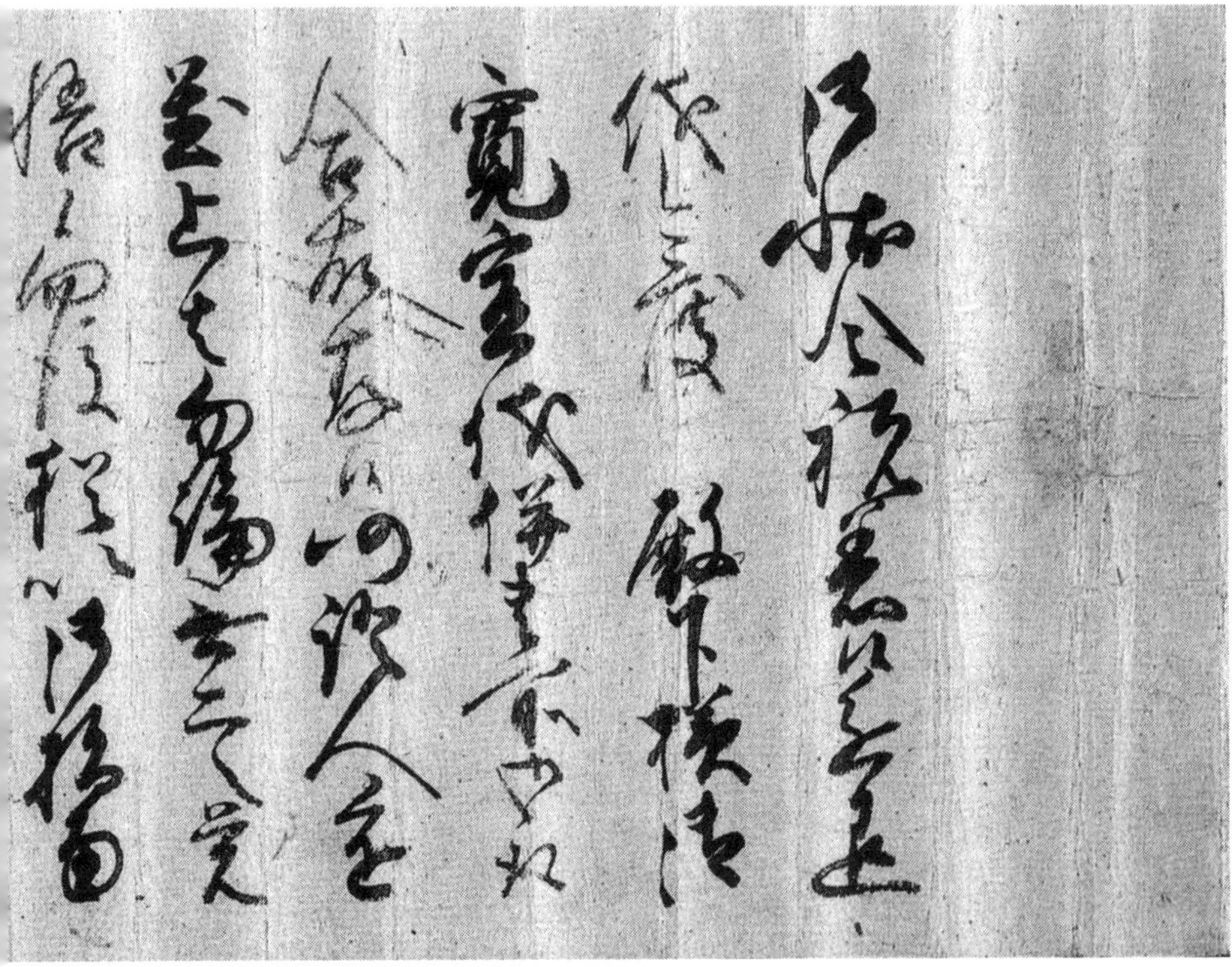

（天正13年）閏８月５日付け長宗我部元親書状

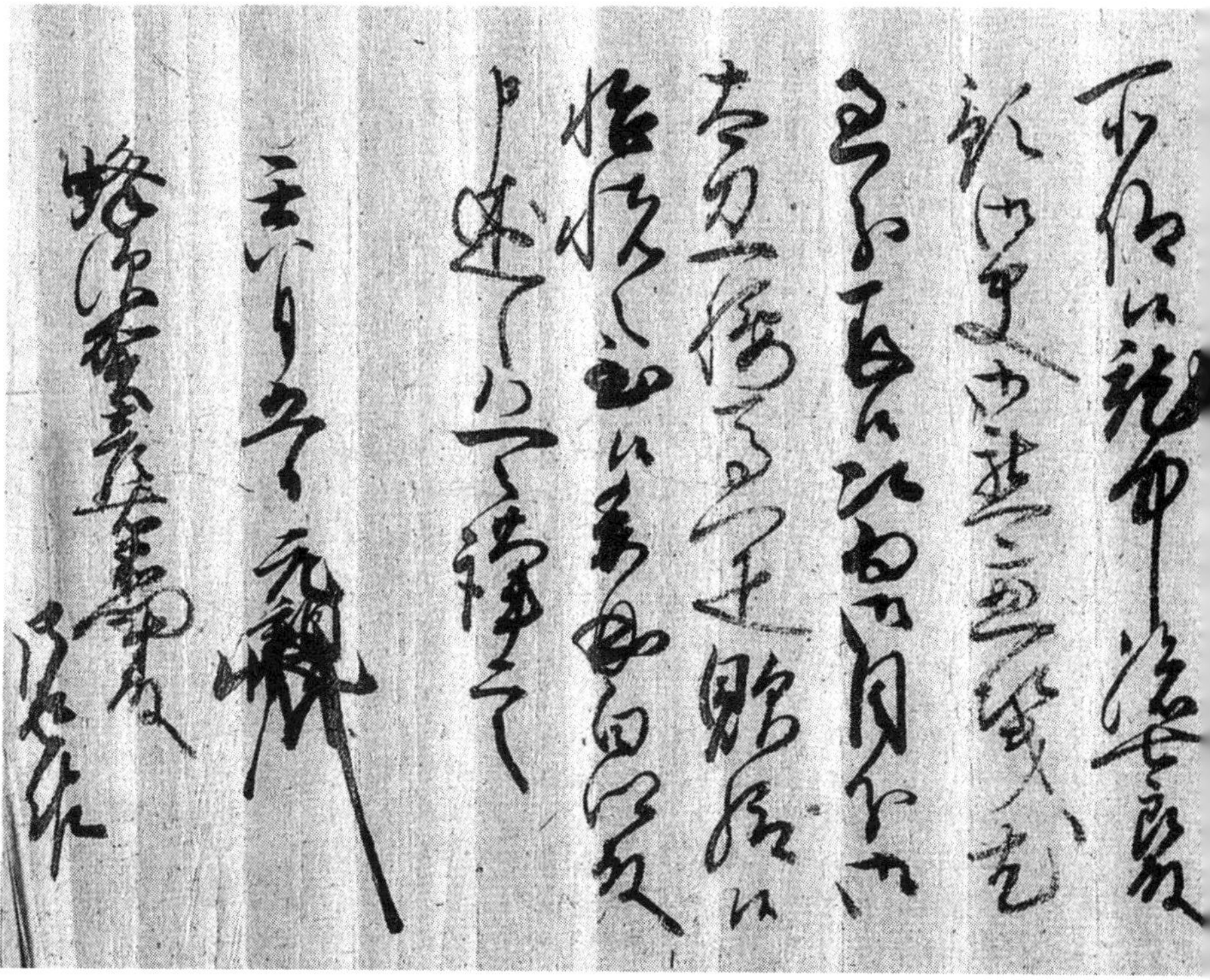

徳島市立徳島城博物館所蔵

(天正十三年)閏八月五日付け長宗我部元親書状

この書状は天正十三年(一五八五)に比定される長宗我部元親のもので、宛先は蜂須賀正勝です。蜂須賀正勝は蜂須賀小六という名前のほうが有名ですが、豊臣秀吉に早くから仕えてきた側近中の側近です。昔は野盗の親玉とされてきましたが、現在では尾張国蜂須賀郷(愛知県あま市)を本拠とした国衆ということがわかっています。

天正十三年の元親は、秀吉による四国征伐に直面していました。秀吉の弟秀長を総大将に、甥の秀次を副大将にした四国征伐軍は七月には元親を降伏に追い込み、土佐一国の保障と元親が人質を差し出すこと、徳川家康との同盟の禁止などを条件として講和が結ばれ、八月末には秀長は大坂に帰還しています。その直後に目付で、元親との交渉を担当していた正勝に宛てられたのが、この書状です。

① 

ここは「御状令祝着候」と読みます。

まず「御状」とは「お手紙」のことです。次の「令」は使役の助動詞「しむ」を表し、「〇〇させる」という意味に使われることが多いですが、もう一つ、婉曲の助動詞

の場合もあります。ここでは婉曲表現ですので、読む時は下の「祝着（しゅうちゃく）」から返って「祝着せしむ」と読みますが、意味は「祝着です」とそのままです。「着」は、この形が典型例ですので覚えてください。「祝着」というのは、この場合は「満足に思う」という意味で使われていますので、「御状令祝着候」つまり「御状祝着せしめ候」とは「お手紙ありがとうございます」という文意になります。

②

ここは「進退儀、今度　殿下様御寛宥儀」と読みます。

「進退儀」ですが、「進退」とはこの場合、自分（元親）の身の上ということです。「進」も「退」も、きれいな「しんにょう」が書かれています。

「今度」は典型的なくずし方で、特に「今」は気をつけてください。

「殿下様」とは、もちろん秀吉のことで、秀吉が二ヶ月前の七月十一日に関白宣下を受けたことで、摂関家への敬称である「殿下」を使っています。読み方は「てんが」であって「でんか」ではありません。ちなみに　「今度　殿下様」のように「殿下様」の前に一字の空白があるのは、「欠字（けつじ）」と言って秀吉への敬意を表しています。

「御寛宥（かんゆう）儀」というのは、元親が秀吉によって土佐一国の支配を認められ

たことを指します。「寛宥」というのは「寛大」くらいの意味です。「宥」の下の部分が「有」という漢字の典型的なくずし方です。「宥」はそれほど出てきませんが、「有」はこの形が頻出しますので、押さえておきましょう。

「進退儀、今度　殿下様御寛宥儀」、つまり「進退の儀、今度の殿下様御寛宥の儀」とは、「私、元親の一身について、関白殿下のお許しの件について」という文意になります。

③ 

ここは「併貴所御取合故存候」と読みます。

「併」は「しかしながら」と読む場合が圧倒的に多いですが、ここでは「あわせて」と読んだほうが意味が通ります。「貴所」は相手を敬っていう言葉で、ここでは宛先の蜂須賀正勝を指しています。「貴」および「所」のくずし方は、非常によく見られる形なので、ぜひ覚えてしまいましょう。

「御取合」は仲介すること、という意味です。正勝は元親と秀吉の交渉担当でしたので、正勝の仲介に感謝の意を示しています。ポイントは「取」の字の形です。これが典型的な「取」のくずし字なので、しっかりと目に焼き付けてください。同様に「故」も「存」の形もよく見られる形です。

「併貴所御取合故存候」、つまり「併せて貴所の御取合のゆえと存じ候」とは、「(関白殿下の寛大な処置に)加えてあなた様の仲介もあったがゆえであると思っております」という文意になります。

④ 

ここは「仍證人進置上者、勿論無二之覚悟候」と読みます。

冒頭の「仍」は「よって」と読み、「したがって」「そこで」という順接の接続を示す字です。「にんべん」がかなりくずれていますが、よく見られるくずし方です。「證人」の「證」の旁の部分は「登」の典型的なくずし字です。「證」は「証」の旧字体ですが、古文書では圧倒的に「證」をくずしたものが見られます。この「證人」は人質の意味で、元親の三男である津野親忠(つのちかただ)が送られています。親忠は人質時代に藤堂高虎(とうどうたかとら)と親交を結び、元親に疑心を呼び起こさせることとなり、元親によって弟の盛親(もりちか)が立てられたため、親忠は幽閉され、関ヶ原の戦い後、盛親によって殺害されます。

「進置上者」の「進」は②の「進」と同じです。「置」もよく見られる形です。「者」は頻出するくずし字ですが、楷書体の「者」とは全く異なる字形ですので、この形ごと覚えてしまうしかありません。なお、ここでの「者」は平仮

名の「は」として使っています。「勿論」では、「論」の「ごんべん」に注目してください。「無」も非常によく見られる大事なくずし字です。「之」はかなりくずれていますが、よく使われる漢字ほど、くずれ方が激しいものです。「覚悟候」の「候」も単なる点になってしまっていますが、これでもまだくずれていないほうです。

「仍證人進置上者、勿論無二之覚悟候」、つまり「仍て證人を進め置く上は、勿論無二の覚悟に候」とは、「そこで人質をお送りいたします以上は、無二の忠義を尽くす覚悟です」という文意になります。

⑤ 

ここは「向後猶以御指南所仰候」と読みます。「向後」は「きょうこう」と読みます。江戸時代以降は「こうご」「きょうご」という読みもなされますが、戦国時代の文書を読む場合には「きょうこう」がよいでしょう。「今後」という意味です。「後」の「ぎょうにんべん」の形は頻繁に使われますので、ぜひ覚えてください。部首をしっかり見分けられるようになると、くずし字の辞典が引きやすくなります。

続く「猶以」は、くずし方に注意してください。どちらもかなりくずれているように見えますが、典型的なくずし方です。「なおさらいっそう」という意味になります。「御指南」の「御」は、①や②にもありますが、ここは①の「御」と類似しています。「指」は、「てへん」に「旨」が見えるでしょうか。「所仰候」の「所」は、③で見たとは異なるくずし方です。「仰」は、「にんべん」さえわかれば、辞典を引くことで何とか読めます。

「向後猶以御指南所仰候」とは、「今後、なお
いっそうの御指南をお願いします」という文意になります。

⑥  

ここは「就中、孫七郎殿預御使、御懇慮次第、尤過分存候」と読みます。「就中」は「なかんずく」と読み、「その中でも」「とりわけ」という意味があります。が「尤」のくずし字です。「孫七郎殿」とは、秀吉の甥の秀次で、四国征伐軍の副大将を務めていました。秀吉孫七郎は仮名（けみょう）で、諱（いみな）はこの直前の七月に、これまでの信吉から秀次に改めています。秀吉の後継者に擬されていましたが、秀頼（ひでより）の誕生により失脚し、最後は高野山（こうやさん）で切腹するという

悲運の人物です。

「預御使」の「預」には、きれいな「おおがい」が書かれています。「預」は「関与する」などの意味を表し、孫七郎秀次の関わった、つまり秀次の使者ということになります。⑨で使者の名前が出てきますが、白江成定（しらえなりさだ）です。成定は秀次の重臣の一人で、小牧・長久手の戦いや四国征伐において秀次に従軍し、秀次の関白就任時には六万石を賜りますが、秀次失脚時には高野山に従い、秀次切腹直前に高野山から京に出て自刃します。

「使」は「にんべん」を省略したこの形もよく出てきますので、字形をしっかりと目に焼き付けましょう。

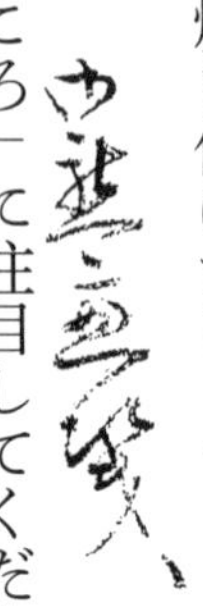「御懇慮次第」の「懇慮」のどちらにも見られる「したごころ」に注目してください。一本線で表されています。さらに「慮」の上部にある「虍」がのように省略されるなど、ほぼ原形をとどめないので、覚えるしかありません。

「次第」も慣れないと読みづらい字です。「次」は「欠」の部分が大きくくずれています。「第」は異体字「才」がくずれたものですので、「第」の形だけが頭にあるとなかなか読みづらくなります。異体字も積極的に覚えていくようにしましょう。

「尤過分存候」の「尤」は「全く」などの意味です。「過分」は「限度を超えている」という意味になりますが、謙遜しながら感謝の意を表す場合に

使われます。「過」も「分」もよく出てきますので、しっかり覚えておくと解読がはかどるでしょう。「存」は③にもが出てきました。

「就中、孫七郎殿預御使、御懇慮次第、尤過分存候」、つまり「なかんずく、孫七郎殿御使を預かり、御懇慮の次第、尤も過分に存じ候」とは、「特に孫七郎殿の御使者の懇切なご配慮については、全く私どもには過ぎたものと思っております」という文意になります。

⑦ 

ここは「次為御自分、御太刀一腰・馬一疋贈給候」と読みます。

「為」はよく見られる形なので覚えてください。「為○○」で「○○のため」「○○として」「○○をなす」などのように読みます。どれになるかは文脈で判断します。ここでは、下に続く「御自分」との繋がりを考えて「御自分のため」と読みます。

「御自分」は二人称代名詞です。ここでは宛先の蜂須賀正勝を示しています。

「御」も「分」も既出です。

「御太刀一腰・馬一疋」は、「腰」の部首である「にくづき」、そして「馬」に注目してください。また、「腰」の旁「要」は、「肝要」「専要」などの熟語としてよく出てきます。「疋」は、ここでは動物の数を示す単位で

「匹」と同じ意味です。

「贈給候」ですが、「給」の「いとへん」、旁の「合」に注目してください。ここの主語ですが、正勝に「贈り給う」のは羽柴秀長か羽柴秀次でしょう。

「次為御自分、御太刀一腰・馬一疋贈給候」、つまり「次いで御自分のために御太刀一腰・馬一疋贈り給い候」とは、「次いでご自分のために御太刀一腰、馬一疋をお贈りになりました」という文意になります。

⑧ 

「怡悦」は両方とも「りっしんべん」の漢字です。「りっしんべん」の形をしっかりと目に焼き付けてください。「怡悦」は「いえつ」と読み、喜びを意味します。「之」は③にも出てきました。は典型的な「至」のくずし方で、「〇〇之至」という言い方がよく出てきます。

「怡悦之至候」、つまり「怡悦の至りに候」とは、「大変喜ばしいことでございます」という文意になります。

⑨

「委曲」はどちらも慣れないと難しい字ですが、よく使われる重要な言葉です。それぞれ字形をしっかりと覚えてください。意味は「詳しくは」です。

「白江殿」は、⑥で述べたように孫七郎秀次の家臣白江成定です。その白江成定が「申述候」というのは、成定が元親と正勝の間を取り持っており、さらに言えば戦後処理に秀次が当たっていることを示しています。今日では、ややもすれば秀次は『太閤記』の影響で、凡庸で乱暴者というイメージを持たされていますが、なかなか器量と才覚のある人物だったと考えられています。

「申述候」は、きれいな「申」と「しんにょう」が書かれています。「委曲白江殿申述候」、つまり「委曲は白江殿が申し述べ候」とは、「詳しいことは白江殿が申し述べます」という文意になります。

⑩

書状の書止文言の決まり文句です。踊り字の「々」は、「之」と間違えやすい形ですが、書止文言ですから間違えることもないでしょう。「謹」の「ごんべん」に注目し

てください。

最後に日付は「壬八月五日」とありますが、冒頭の「壬」は「閏」の異体字です。したがって、ここは「みずのえ八月五日」と読むのではなく「うるう八月五日」と読みます。

差出人は「元親（花押）」、宛名は「蜂須賀彦右衛門尉殿」、最後に返書であることを示す「御返報」という脇付（わきづけ）が付いています。元親の花押は、ほかの多くの大名と同じく何度か改変されていますので、発給年の手掛かりにもなります。

〔釈文〕

御状令祝着候、進退」儀、今度　殿下様御」寛宥儀、併貴所御取」合故存候、仍證
人進」置上者、勿論無二之覚」悟候、向後猶以御指南」所仰候、就中、孫七郎殿」
預御使御懇慮次第、尤」過分存候、次為御自分、御」太刀一腰・馬一疋贈給候、」
怡悦之至候、委曲白江殿」申述候、恐々謹言、」
　閏八月五日　元親（花押）
　　蜂須賀彦右衛門尉殿

御返報

〔**読み下し文**〕

御状祝着せしめ候、進退の儀、今度の殿下様御寛宥の儀、併せて貴所の御取合のゆえと存じ候、よって證人を進め置く上は、勿論無二の覚悟に候、向後なお以て御指南仰ぐ所に候、なかんずく、孫七郎殿御使を預かり、御懇慮の次第、尤も過分に存じ候、次いで御自分のために御太刀一腰・馬一疋贈り給い候、怡悦の至りに候、委曲は白江殿が申し述べ候、恐々謹言、

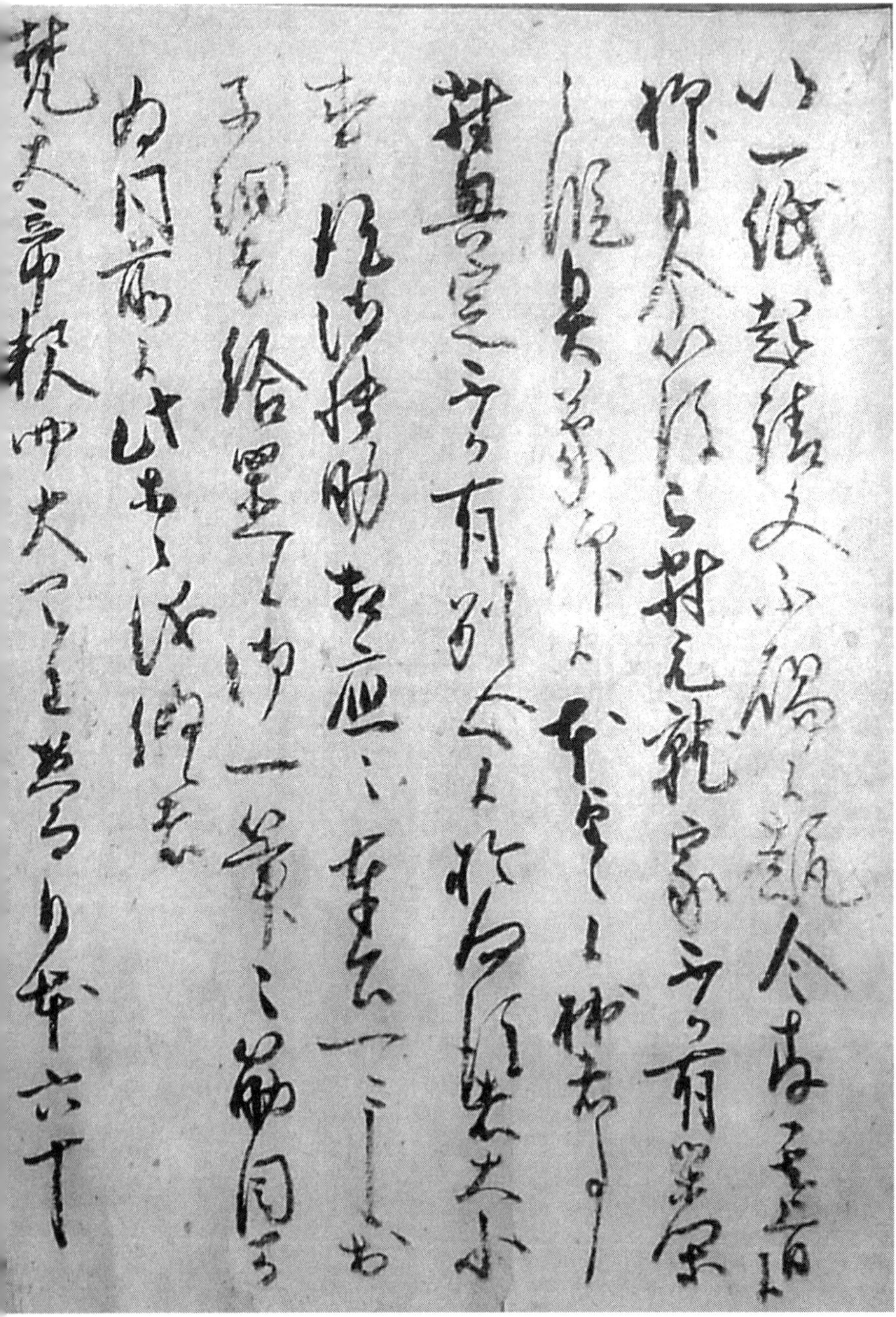

大永５年６月26日付け毛利元就契状

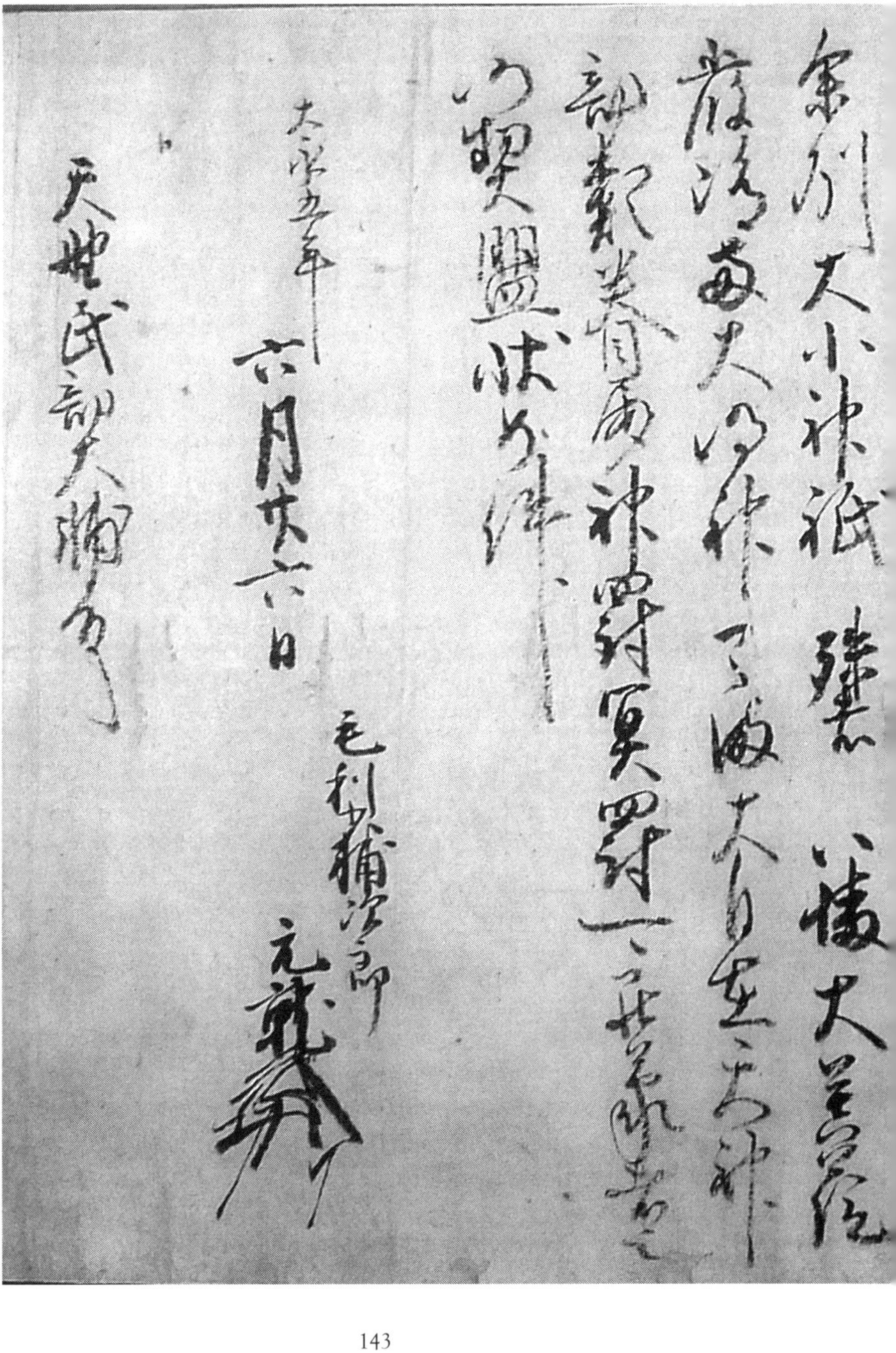
大永五年 六月廿六日
毛利少輔次郎 元就（花押）
天野民部大輔殿

山口県文書館所蔵

一六 大永五年六月二十六日付け毛利元就契状

この文書は大永五年（一五二五）付けで、毛利元就から安芸国の国衆天野興定に宛てられた契状です。

元就は明応六年（一四九七）、安芸国吉田庄（広島県安芸高田市）を本拠とする国衆毛利弘元の次男として生まれました。二十歳の時、兄興元の死によって家督を相続した幸松丸（興元の子）の後見となり、永正十四年（一五一七）、大内氏に反旗を翻した銀山城（広島市安佐南区）を本拠とする武田元繁を討ち取る戦功を挙げました。その後、安芸国に進出した尼子氏に従い、大永三年（一五二三）には大内氏の安芸国支配の拠点だった鏡山城（広島県東広島市）を攻略しました。その直後に幸松丸が夭折すると、元就が家督を継承し、この契状を発するまでには、再び大内氏に従っています。

天野氏は源頼朝に仕えた御家人天野遠景を祖とし、安芸国賀茂郡志芳庄東村（広島県東広島市）を本領とする国衆です。大永五年の初頭に毛利氏が大内方に復帰したあとも尼子氏に従っていたため、陶興房ら大内勢によって、この当時の本拠米山城（広島県東広島市）を包囲されました。そこで、元就が興定に対して大内氏への従属を勧め、天野氏は大内氏に従うこととなったのです。

①

ここは「以一紙起請文示賜候趣」と読みます。

まず「以」には「○○によって」という意味があり、この場合は下に続く「一紙」を先に読み、「以」に返って「一紙を以て」と読みます。「一紙」とは一枚の文書を指し、ここでは続く「起請文（きしょうもん）」がその文書にあたります。「起請文」とは、記された内容に違背した場合、神仏の罰を受けることを神仏に誓った文書のことで、この文書においては、末尾に「神罰冥罰罷り蒙る」とあり、起請の形式に則っていますが、書き止め文言は「仍て契盟状、件の如し」となっており、契状に分類されます。起請文の場合、書き止め文言は「仍て起請文（状）、件の如し」となります。このような契約状と起請文とが合体したような文書を、契約起請文、あるいは、起請契約と呼ぶこともあります。これ以前には対立関係にあった毛利氏と天野氏が同盟関係を締結するにあたって、相手に全幅の信頼を置けないことから、単なる契約ではなく、神仏に誓うという正統的な文書が必要とされたのです。「文」のくずしは「又」にも似ていますが、「文」の場合、第一画が右上から左下へ斜めに下す線で始まる点に注目すると、区別できます。

「示賜候」とは、興定から「一紙起請文」が元就に対して提出されたことを

示します。したがって、毛利氏と天野氏とは、契状を交換したことになります。このように、当事者同士が起請文を交換して盟約した契状は、「書違」と称されています。「示」が平仮名「ふ」にしか見えず、難読かもしれません。きれいに書かれた「趣」は、もう読めるでしょうか。興定が記した契状の内容は、山口県文書館所蔵「右田毛利家文庫」に残されている案文（あんもん）によってわかります。日付は本文書と同一の大永五年六月二十六日付けで、発給者は「天野民部大輔興定」、宛先は「毛利殿」となっており、ほとんど同文です。「以一紙起請文示賜候趣」、つまり「一紙を以て起請文示し賜い候趣」とは、「（興定から）いただいた起請文の意向について」という文意になります。

② 

ここは「令存其旨候」と読みます。「其旨」を先に読み、「存」、「令」と順次返って、最後に「候」を読みます。「其旨」は①の「趣」を指しています。「候」が「旨」の斜め下に書かれていますが、この行のように「旨」で紙の端まで書いた場合、「候」を次行の一番上に書くことは少なく、この文書のような表記がしばしば見られます。

「令存其旨候」、つまり「その旨存ぜしめ候」とは「その（興定から元就に提出された契状）意

向については承知しました」という文意になります

③

ここは「抑自今以後、被対元就家」と読みます。

「抑」は一字で「そもそも」と読み、前に述べたことに関係して、改めて説き起こす時に用いる接続詞です。「自今」は「今」を先に読みますので、「今より」となります。「今」と②の「令」のくずし字は似ていますが、最後の筆を見ると、「今」は左に流れているものの、「令」は右に流れていますので、区別できそうです。「以後」の「後」は、かなり省略して書かれていますが、「ぎょうにんべん」に気づけば「以」との熟語「以後」が導き出せると思います。

「被対元就家」は、「元就家」を先に読み、「対」、「被」と順次返って読みます。平仮名「ら」に似た「被」は頻出しますので、ぜひ覚えましょう。「対」は旧字体「對」のくずし字が書かれています。

天野興定が記した契状におけるこの箇所は、「対興定」となっています。比較すると、この文書には、「被」が付されていることに加え、元就という実名（じつみょう）に「家」を付している点が異なります。ここでの「被」は尊敬の意味で用いています。したがって、毛利氏と天野氏と

の関係は、契状を交換するという対等な関係ですが、興定が元就に対して尊敬表現を用いているにもかかわらず、元就は興定に尊敬表現を用いていない点を見ると、毛利氏の優位性が窺えます。また、「元就家」としている点については、本来は庶流でしたが、嫡流である兄興元と甥幸松丸の死によって毛利家を継承してから二年も経過していない時期の毛利氏家中における元就の立場を反映したものであるとも考えられます。

「抑自今以後、被対元就家」、つまり「そもそも今より以後、元就家に対され」とは、「さて今後、毛利家に対され」という文意になります。

④ 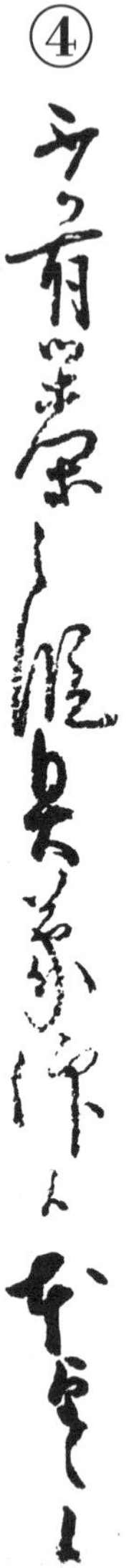

ここは、「不可有御等閑之段、具蒙仰候、本望ニ候」と読みます。

まず、「御等閑」を先に読み、「有」、「可」、「不」と順次返って読みます。「不可有」は「あるべからず」と読む、頻出の表現です。「等閑」は、なおざりにするという意味で、「不可有」へと続くことによって否定形となります。さらに「御」を付けて、宛先である天野興定を敬う表現としています。「段」は頻出する形ですが、もう読めるようになったでしょうか。

「具」は一字で「つぶさに」と読み、「詳しく」という意味です。「蒙

仰」の「蒙」は下から返って読み、「お受けする」という意味ですが、ここでは「仰」を受けたことになりますので、「仰っていただいた」と訳すべきでしょう。「本望ニ候」は「望み通りになって満足です」という意味です。「望」は初級編でも見てきましたが、難読ですので、形ごと覚えてください。

「不可有御等閑之段、具蒙仰候、本望ニ候」、つまり「御等閑あるべからずの段、つぶさに仰せ蒙り候、本望に候」とは、「なおざりにはしないということを、詳しく仰っていただきました。望み通りになって満足です」という文意になります。

⑤ 

ここは「拙者事、対興定不可有別心候」と読みます。

「拙者」は一人称ですので、元就を指します。「我等」を用いることもあります。楷書体と異なる「事」は頻出で、細長く記されることが多い文字です。「興定」は、天野興定のことです。人名は難読となることも多いのですが、この箇所のように「対」へと続く場合、人名であることが多いので、ほかの史料を調べて、候補となる人名と照合するとよいでしょう。なお、興定契状案におけるこの箇所は、「対元就御家」となっており、「御家」とされている点からも、毛利氏の優位性が窺えます。

「不可有」は④にもありました。「別心」は「相手に対して裏切りの気持ちを抱くこと」という意味です。「心」がかなり難読ですが、右上の横棒が二つの点を表していることに気づくと、読めるかもしれません。

「拙者事、対興定不可有別心候」、つまり「拙者事、興定に対し別心あるべからず候」とは、「私が、興定に対して裏切りの気持ちを抱くことはありません」という文意になります。

⑥ 

ここは「於向後者、大小事得御扶助、相応之奉公可申候」と読みます。

まず、「向後」を先に読み、「於」に返ってから「者」を読んでください。「於」は頻出しますので、覚えておきましょう。「者」は助詞の「は」です。

は「大小事」、「得御扶助」は「御扶助」を先に読み、「得」に返って読みます。「得」の「ぎょうにんべん」は、③で見た「後」と同じ形です。「得」は、旁の形が楷書体と異なるくずし字がいくつもありますので、その都度覚えてしまいましょう。興定契状案においても同一の表現が用いられており、相互扶助だったことを示しています。この契状中には、毛利氏の優位性を示す表現も

ありますが、基本的には対等な関係だったのです。「相応」は「釣り合っていること」を意味します。「応」は旧字体「應」のくずし字で、が「したごころ」です。二つの点に見えるこの「之」は、踊り字の「々」と誤読してしまいそうです。次の⑦にも同じ形が出てきます。「奉公」とは、本来「主人に仕えること」を意味しますが、ここでは「天野氏のために働くこと」という意味にとるべきです。「申候」は、このように二つの文字を繫げて表記することが多いので、判読する際には注意しましょう。

「於向後者、大小事得御扶助、相応之奉公可申候」、つまり「向後においては、大小事御扶助を得、相応の奉公申すべく候」とは、「これからのち、事の大小によらず、(あなたに)助けていただき、(あなたのために)必要な働きをいたします」という文意になります。

⑦ 

ここは、「於子細者、給置候御一筆之筋目可為同前候」と読みます。

まず、「子細」から先に読み、「於」に返ってから「者」を読みます。この「於」は、⑥の「於」をさらにくずした形で、平仮名「お」の字母です。それゆえ「お」と同じ形になるのです。「給置」は「いただいてこちらにある」という

意味ですから、続く「御一筆」とは、興定から元就に宛てた契状を指しています。「筋目」とは「物事の道理」のことです。「可為同前候」は、まず「同前（どうぜん）」を先に読み、「為」、「可」と順次返って読みます。「可為」は「たるべし」と読み、頻出する表現です。この文書では「可」が前行にありますので、見落とさないように注意しましょう。「同前」は、現代文における「同然」と同義です。

「於子細者、給置候御一筆之筋目可為同前候」、つまり「子細においては、給い置き候御一筆の筋目同前たるべく候」とは、「詳しいことは、いただいてこちらにある（あなたからの）契状の道理と同様です」という文意になります。

⑧ 

ここは「此等之儀偽候者」と読みます。「此」や「等」、「儀」は、もう慣れたでしょうか。「偽」は、本書では初めて出てきましたが、「にんべん」に「為」のくずし字がはっきりと書かれているので、難なく読めそうです。この「候者」は「そうらわば」と読んでください。

「此等之儀偽候者」、つまり「これらの儀偽り候わば」とは、「これらのことについて、偽りがあったならば」という文意になります。

⑨ 

ここは「梵天帝釈・四大天王、惣而日本六十余州大小神祇」と読みます。

これ以降は、起請文言で、神仏の名が列記されています。「梵天帝釈（ぼんてんたいしゃく）」、「四大天王（しだいてんのう）」は、おおよその起請文に見られます。「梵天帝釈」とは、仏教の守護神である「大梵天王（だいぼんてんのう）」と「帝釈天（たいしゃくてん）」のことです。「四大天王」とは帝釈天に仕える「四天王」のことで、須弥山（しゅみせん）の中腹にある四王天（しおうてん）の主のことです。東方の持国天（じこくてん）、南方の増長天（ぞうじょうてん）、西方の広目天（こうもくてん）、北方の多聞天（たもんてん）（毘沙門天（びしゃもんてん））の四神を指します。「天王」が慣れないと難読かもしれません。

「惣而日本六十余州大小神祇」も、若干の表現の相違はありますが、ほとんどの起請文に列記される文言です。

「梵天帝釈・四大天王、惣而日本六十余州大小神祇」、つまり「梵天帝釈・四大天王、惣じて日本六十余州大小神祇」とは、「梵天帝釈と四大天王、おおよそ日本六十余州の大小神祇」という文意になります。

⑩ 

ここは「殊者　八幡大菩薩・厳嶋両大明神・天満大自在天神」と読みます。「殊者」は「ことには」と読み、ここでは「さらに」という意味です。以降は主として、その家やその地域において信仰されている神仏が列記されます。武家においては、「八幡大菩薩（はちまんだいぼさつ）」が列記されることが多く、厳島（いつくしま）信仰が盛んな安芸国においては、「厳嶋両大明神」がしばしば列記されます。また、毛利氏の場合には、「天満大自在天神」が含まれています。なお、「八幡大菩薩」とは「八幡神」のことで、平安時代末期以降、源氏の氏神とする信仰が生まれ、武神・軍神としての性格を強めました。

「殊者　八幡大菩薩・厳嶋両大明神・天満大自在天神」、つまり「殊には八幡大菩薩・厳嶋両大明神・天満大自在天神」とは、「さらに、八幡大菩薩・厳嶋両大明神・天満大自在天神」という文意になります。

⑪ 

ここは「部類眷属神罰冥罰可罷蒙者也」と読みます。

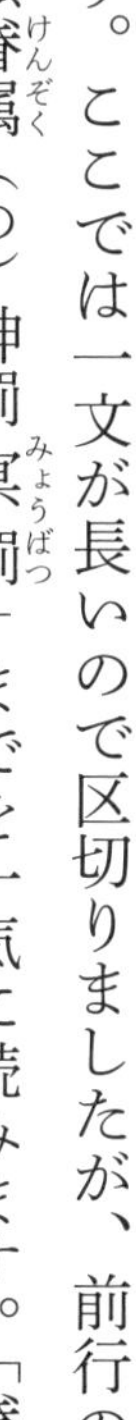

「部類眷属神罰冥罰可罷蒙者也」という表現は、鎌倉期の貞永式目（いわゆる「御成敗式目」）にも見られ、起請文言末尾の定型句です。ここでは一文が長いので区切りましたが、前行の「天神」から続けて「（……天神の）部類眷属（の）神罰冥罰」までを一気に読みます。「眷属」とは一族、「神罰・冥罰」とは神仏が下す罰のことです。起請文言には定型的なものが多いので、定型句とは異なる文言の箇所を、丁寧に読んでいけばよいでしょう。「類」の「おおがい」や、「罷」は読めたでしょうか。「属」が難しいですが、部首「しかばね」の形から判読してください。

「部類眷属神罰冥罰可罷蒙者也」、つまり「部類眷属神罰冥罰罷り蒙るべきもの也」は、「部類眷属神罰冥罰をお受けいたします」という文意になります。

⑫ 

ここは「仍契盟状、如件」と読みます。

通常の起請文の場合、書止文言は「仍起請文状、如件」となりますが、本文書は、毛利氏と天野氏との契約ですので、「契盟状」と記しています。「仍」は、初級編にもたくさん出てきました。

は「如件」で、「くだんのごとし」と読みます。

「如」は、平仮名「め」と同じ形にくずれることが多いです。

最後に、日付は「大永五年六月廿六日」、差出人は「毛利少輔次郎元就（花押）」、宛名は「天野民部大輔殿」です。

毛利家の当主は代々、「治部少輔」を称することが多く、元就の父弘元（ひろもと）も「治部少輔」を称していました。そのため、弘元の長男興元は「少輔太郎」、次男元就は「少輔次郎」を称したのです。こののち、元就は遅くとも享禄二年（一五二九）七月には「治部少輔」を称していますが、家督継承から二年近くが経過してもなお、「少輔次郎」という当主に相応しくない官途名を称していたのです。

〔**釈文**〕

以一紙起請文示賜候趣、令存其旨候、」抑自今以後、被対元就家不可有御等閑」之段、具蒙仰候、本望ニ候、拙者事、」対興定不可有別心候、於向後者、大小」事得御扶助、相応之奉公可申候、於」子細者、給置候御一筆之筋目可」為同前候、此等之儀偽候者、」梵天帝釈・四大天王、惣而日本六十」余州大小神祇、殊者八幡大菩薩・」厳嶋両大明神・天満大自在天神、」部類眷属神罰冥罰可罷蒙者也、」

仍契盟状、如件、」

大永五年
六月廿六日　　毛利少輔次郎
元就（花押）

天野民部大輔殿

〔読み下し文〕

一紙を以て起請文示し賜い候趣、その旨存ぜしめ候、そもそも今より以後、元就家に対され御等閑あるべからずの段、つぶさに仰せ蒙り候、本望に候、拙者事、興定に対し別心あるべからず候、向後においては、大小事御扶助を得、相応の奉公申すべく候、子細においては、給い置き候御一筆の筋目同前たるべく候、これらの儀偽り候わば、梵天帝釈・四大天王、惣じて日本六十余州大小神祇、殊には八幡大菩薩・厳嶋両大明神・天満大自在天神、部類眷属神罰冥罰罷り蒙るべきもの也、仍て契盟状、件の如し、

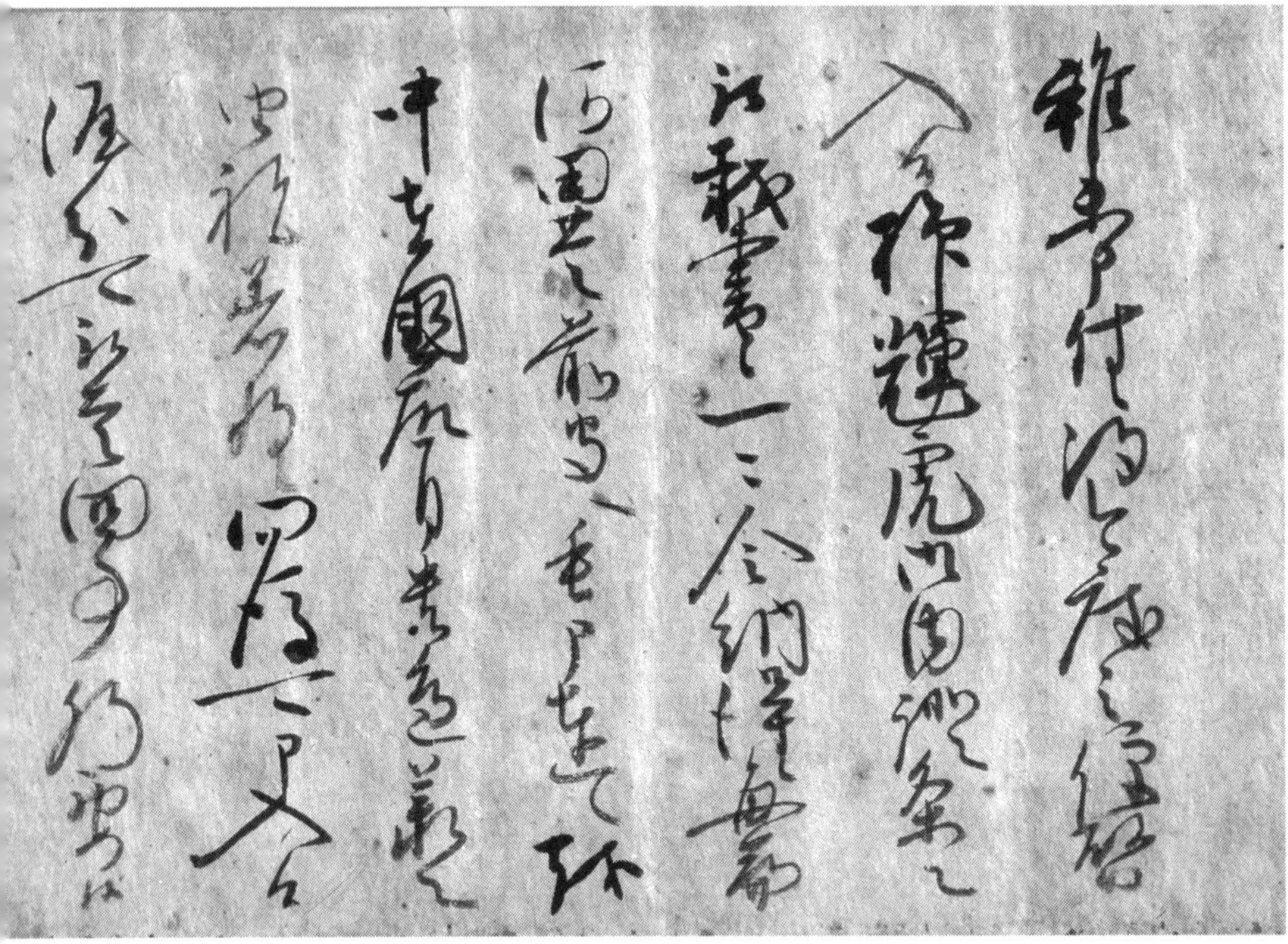

（元亀元年）10月８日付け徳川家康書状

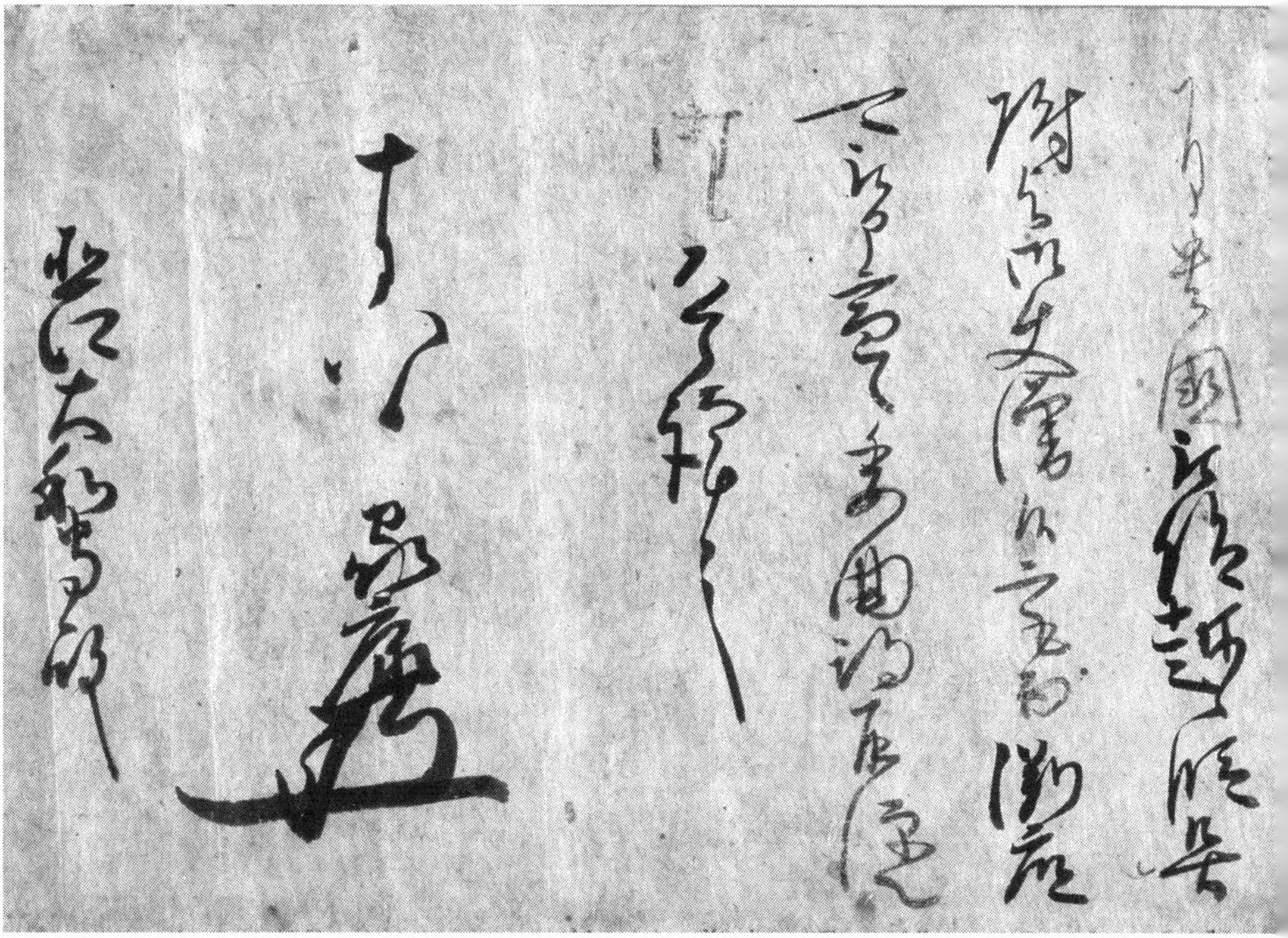

米沢市上杉博物館所蔵

（元亀元年）十月八日付け徳川家康書状

この書状は、元亀元年（一五七〇）に比定される徳川家康のものです。宛先は、越後の国人で、三島郡与板（本与板）城（新潟県長岡市）の城主直江景綱。直江氏は、もとは越後守護上杉氏の家臣飯沼氏の被官でしたが、永正十一年（一五一四）に守護代長尾為景によって飯沼氏が滅ぼされると、その居城・本与板城（のちに与板城）の城主となりました。景綱は上杉輝虎（謙信）の側近として知られ、天文（一五三二～五五）末年から長尾（上杉）家の内政・外交に活躍したとされる人物です。

この頃の家康は、岡崎（愛知県岡崎市）から遠江国の曳馬（静岡県浜松市中区）に移ると、ここを浜松と改名し、浜松城を築いて本城としました。織田信長を助け、金ケ崎の戦いに参戦したほか、朝倉義景・浅井長政の連合軍との姉川の戦いで活躍しました。また徳川氏は、当時武田氏と対立しており、同じく武田氏と対立関係にあった上杉氏と同盟を締結することになりました。

①

ここは「雖未申付候」と読みます。

「雖」は一字で「いえども」です。下に続く文字を読んでから「〇〇といえども」と返って読みます。この書状にも見えるように、「未」などの否定の意味を表す言葉を伴う場合が多いです。「未」は一字で「いまだ」と読みます。多くの場合、「いまだ〇〇ず（〇には動詞が入ります、以下同じ）」などと用います。「雖」と組み合わせた際には、「雖未〇〇候」として、「いまだに〇〇していないけれども」と訳します。この書状では、「雖」の部首にあたる「隹」は、比較的はっきりと書かれていますが、偏については相当わかりにくいかもしれません。そのような場合は、「未」などの否定の意味を表す言葉が近くに無いか、探しましょう。

この書状の場合、差出人である家康が宛先となっている直江景綱に対し、「いまだに申し付けていないけれども」と書き始めていることになります。ただし「申し付ける」は、「言い付ける」の謙譲語で、「自分側の人間に用を言いつける、命令する」の意であり、元亀年間当時、東海地方の一戦国大名だった家康が輝虎の側近である景綱に対して用いる言葉としては、尊大すぎる感があります。通常は、「雖未申通候」（未だ申し通さず候と雖も）として「いまだ連絡を取り合ってはいないけれども」、あるいは「雖未申遣候」（未だ申し遣わさず候と雖も）として「いまだ使者を送ってはいないけれども」と書き始めることが多く、これまでに書状のやり取りや使者のやり取りが無かったことを示す決まり文句として、書状の冒頭に用いら

れます。元亀元年（一五七〇）に比定される八月二十二日付け「松平左近允」宛て上杉輝虎書状や、八月三十日付け「松平左近允」宛て河田長親(かわだながちか)書状には、このような文言が見えます。

ひとまずここで言えるのは、この書状が発給されたと推測される元亀元年十月八日以前には、家康と景綱との間で書状のやり取りや使者のやり取りが無かったということです。

② 

ここは「得今度之便啓入候」と読みます。

「得」と「今」のくずし方は独特ですが、いずれも頻出しますので、ぜひ覚えましょう。「便」は「たより」、すなわち書状のことで、まさに初めて景綱と書状のやり取りをした、本状のことを指しています。「啓入」は、「啓し入れ」と読みます。

「得今度之便啓入候」、つまり「今度の便りを得て啓し入れ候」とは「（これまで景綱とのやり取りはありませんが、先に輝虎から書状が届いたので）この書状をもって申し入れます」という文意になります。

③ 

ここは「抑輝虎御内證条々被載書候、一々令納得候」と読みます。

「抑」は、一字で「そもそも」と読むのですが、「抑々」と書かれることもあります。前述したように、武田信玄（たけだしんげん）と対抗することになります。

前述したように、「輝虎」とは上杉輝虎（謙信）のことで、この頃、徳川氏と上杉氏は同盟して武田信玄（たけだしんげん）と対抗することになります。

「内證」とは「表向きにせず、内々にしておくこと。外部には隠しておくこと。また、そういう意向。内密」の意で、現代でも用いる「ないしょ」はこれに繋がります。「證」は「証」の旧字体ですが、古文書では「証」ではなく「證」をくずしたものが多く出てきます。が「登」の典型的なくずし字です。「条々」とは「一つ一つの条項。個々の箇条」の意で、一つ書き（箇条書き）で記されています。

本状と同日の十月八日に、家康が輝虎に宛てた起請文（きしょうもん）が上杉家文書に残っています。「起請文」とは、「神仏への誓いを記した文書」のことで、誓いの内容を記した前書の部分と、違背した場合に神仏の罰を被ることを記して神名を列記した神文（しんもん）の部分からなります。この起請文の前書には、武田信玄と絶縁すること、織田信長と輝虎との同盟を仲介する用意があることが記されています。おそらく、輝虎からも同盟に関する一つ書きで記された書状が家康へ送られており、その内容について、「いちいち納得できるものだった」としています。

「納」は、きれいな「いとへん」が、「得」は、②で見た「得」よりも読みやすい形で書かれています。

「抑輝虎御内證条々被載書候、一々令納得候」、つまり「そもそも輝虎御内證の条々書き載せられ候、一々納得せしめ候」とは「そもそも（上杉）輝虎から送られてきた条々に記された（輝虎の）内意については、いちいち納得できるものです」という文意になります。

④ 

ここは「毎篇河田豊前守へも申達候」と読みます。

「河田豊前守」とは、上杉氏の家臣で永禄年間（一五五八～七〇）から輝虎の側近として活躍していた河田長親のことです。「豊」は難読ですが、「前」と「守」が読みやすいので、旧国名と考えて「豊」を導き出してください。

河田長親は、永禄年間の北条氏康（ほうじょううじやす）との戦いでは、沼田（ぬまた）城（群馬県沼田市）の城代を務めました。永禄末年からは一向一揆（いっこういっき）との戦いが本格化し、越中魚津（うおづ）城（富山県魚津市）を預かり、越中新庄（しんじょう）城（富山市）の城主鰺坂長実（あじさかながざね）と共に越中方面の総指揮官として軍政にあたりました。

また、徳川と上杉の間で外交交渉のパイプ役として活動しており、「毎篇」という文言からも毎度のことのように動いていたことが裏づけられます。

は、一見すると漢字の「毛」に見えますが、ここは平仮名の「も」と読まないと文意が繋がりません。平仮名の「も」は、元々「毛」という漢字が字母となっているために

形が似てしまうのです。文脈によって、漢字なのか平仮名なのかを判断する必要があります。「申達」は「申し達す」と読み、「通知する」の意です。「毎篇河田豊前守へも申達候」、つまり「（家康が）毎篇河田豊前守へも申し達し候」とは「これまでにもたびたび河田長親へは通知している（書状のやり取りをしている）」という文意になります。

⑤ 

ここは「越中在国故、自貴辺承之由祝着存候」と読みます。

前文に続いて、河田は越中（富山県）に在国していることがわかります。「在」も「故」も頻出するくずし字の形です。「自」は「より」と読み、下から返る返読文字ですので、「自」の下には、場所や時間を表す言葉が入ります。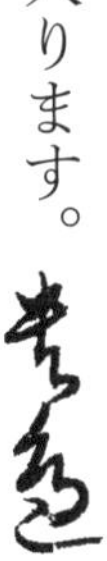「貴辺」は相手を敬って呼ぶ語で、「貴殿」という場合もあります。ここでは宛先の直江景綱を指しています。は「辺」の旧字体「邊」をくずしたものです。が一見すると「為」に見えますが、の下が「候」なので、「為」では文章が繋がりません。ここは「存」と読みましょう。

「越中在国故、自貴辺承之由祝着存候」、つまり「越中在国ゆえ、貴辺より承るの由祝着に存じ候」とは「(これまでやり取りをしていた河田が)越中に在国することになりましたので、貴辺(直江景綱)より(今後は書状を受け取るなど)承るとのことを満足に思っています」という文意になります。

⑥ 

ここは「向後可申入候」と読みます。「向後」は「これからのち。今後」の意で、「きょうこう」「きょうご」「こうご」と読みます。「向」は「問」にも見えますが、「問」だと次の「後」と熟語になりません。「後」は、相当簡略化した形でくずされています。どちらも読みにくいですが、熟語で出てくることが多いですので覚えておきましょう。

「向後可申入候」、つまり「向後申し入れるべく候」とは「今後(やり取りをする際)は、(直江景綱に)申し入れます」という文意になります。

⑦ 

ここは「涯分可被走回事肝要候」と読みます。

「涯分(がいぶん)」とは「身分に相応していること。身の程。分際」の意です。「分」

のくずし字は、これまで本書に何度も出てきています。「走回」は「あちらこちらを走る。かけ回る」ことから、「奔走する」の意で用います。次の「事」のくずしは頻出しますので、ぜひ覚えましょう。「肝要」は「非常に大切なこと。最も必要なこと」の意です。が「にくづき」、が「西」のくずし字です。漢字は各パーツの組み合わせで出来ていますので（「肝」は「月」＋「干」、「要」は「西」＋「女」など）、それぞれの形を覚えるように努めると、自然と解読力がアップしていきます。

「涯分可被走回事肝要候」、つまり「涯分走り回るべき事肝要に候」とは「（景綱が）自身の身の程をわきまえて、奔走するのが大切なことです」という文意になります。

⑧

ここは「自貴国被仰越候段、具附与御使僧候」と読みます。

「自」は⑤に出てきたものと同じ形です。「貴国」は「あなたの国」の意で、景綱がいる越後国のことです。⑤にも同じが出てきました。どちらも旧字体「國」をくずしたものです。「被仰越」は、古文書によく出てくる表現です。「越」から続いて点「、」のようになっている「候」を見落とさないようにしましょう。「越」は、⑤で見たよりも「そうにょう」がしっかりと書かれているので、読みやすい形に

なっています。は「段」の典型的なくずし方です。

「具」は一字で「つぶさに」と読み、「詳しいことは」と訳します。「使」は本書にこの形が何度も出てきていますが、「にんべん」がありませんので注意が必要です。文脈から、使者（ここでは使いの僧侶）が派遣されたのではないかと推測して、「使」という文字を導き出す必要があります。

「自貴国被仰越候段、具附与御使僧候」、つまり「貴国より仰せ越され候段、つぶさに御使僧へ附与し候」とは「（景綱がいる）越後国からおっしゃってこられたことについては、詳しくは使僧に（口頭で）付与しています」という文意となり、ここでは「書状に記したこと以外は、詳しくは使僧から直接伺ってほしい」という意味を含んでいます。

⑨ 

ここは「定而渕底可被申宣候」と読みます。

「定」は難読ですが、を「うかんむり」と見て答えを導き出しましょう。「而」は、古文書では「て」と読むことが多く、は「さだめて」と読み、「必ず」の意となります。「先達而（せんだって）」「決而（けっして）」「追而（おって）」「兼而（かねて）」「別而（べっして）」など、たくさんの「而」を使った語句があります。

「渕底」（えんてい）は「物事の奥深いところ。究極」、「申宣」は「もうしのべる」と読み、「申述」よりは、相手に対してややへりくだった物言いになります。

「定而渕底可被申宣候」、つまり「定めて渕底申し宣べらるべく候」とは「必ず詳しいことについては、申し述べるつもりです」という文意になります。

⑩ 

ここは「委曲期再便之時候、恐々謹言」と読みます。

「委曲」（いきょく）は「詳細は、くわしくは」という意です。「委細」が用いられることもあります。「期」は「ごす」「きす」と読む動詞で、が「其」、が「月」のくずし字です。「再便之時」とは、再び書状を送る機会を設けることです。「再」は読みづらいですが、続く「便」との熟語と考えて判断しましょう。「期○○之時候」、つまり「○○の時を期し候」という表現は、書状の最後に頻出する慣用句です。

「委曲期再便之時候、恐々謹言」、つまり「委曲は再便の時を期し候、恐々謹言」とは「詳細は（改めての）書状で伝えます、恐れながら謹んで申し上げます」という文意になります。

日付は「十月八日」、差出人となっている家康の花押は、一般的によく知られ

ているものです。

宛先となっている「直江大和守殿」は、冒頭でも書いたように直江景綱です。宛先には、名字の下に官職名が記されることがよくあります。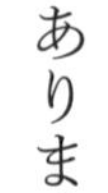「直」、「江」、「守」のくずし字は、名前だけでなく、様々な場面で使われますので、覚えておきましょう。また当然ですが、宛先には敬称が用いられます。現代は「様」が多いですが、以前は「殿」が多く用いられました。「様」「殿」以外の場合もあります。最後まで油断せず、判読してください。

景綱は、天正五年（一五七七）には亡くなりますが、直江家の養子となって景綱の跡を継いだのが直江兼続（かねつぐ）で、彼は上杉景勝（かげかつ）の側近として活躍しました。

〔釈文〕

雖未申付候、得今度之便啓」入候、抑輝虎御内證条々」被載書候、一々令納得候、
毎篇」河田豊前守へも申達候、越」中在国故、自貴辺承之」由祝着存候、向後可申
入候、」涯分可被走回事肝要候、」自貴国被仰越候段、具」附与御使僧候、定而渕底」
可被申宣候、委曲期再便之」時候、恐々謹言、」
十月八日　家康（花押）

直江大和守殿

〔**読み下し文**〕

未だ申し付けず候といえども、今度の便りを得て啓し入れ候、そもそも輝虎御内證の条々書き載せられ候、一々納得せしめ候、毎篇河田豊前守へも申し達し候、越中在国ゆえ、貴辺より承るの由祝着に存じ候、向後申し入れるべく候、涯分走り回らるべき事肝要に候、貴国より仰せ越され候段、つぶさに御使僧へ附与し候、定めて渕底申し宣べらるべく候、委曲は再便の時を期し候、恐々謹言、

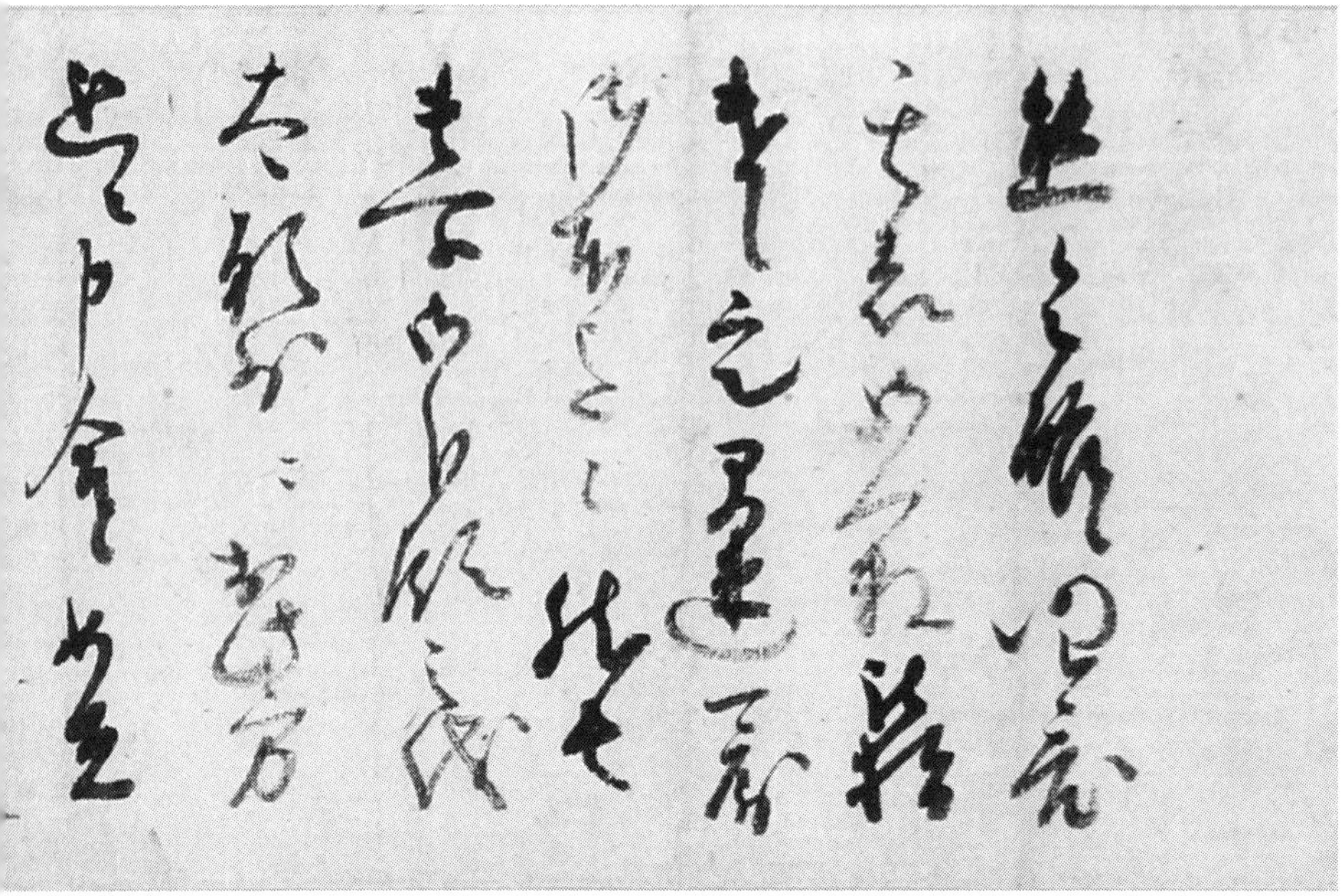

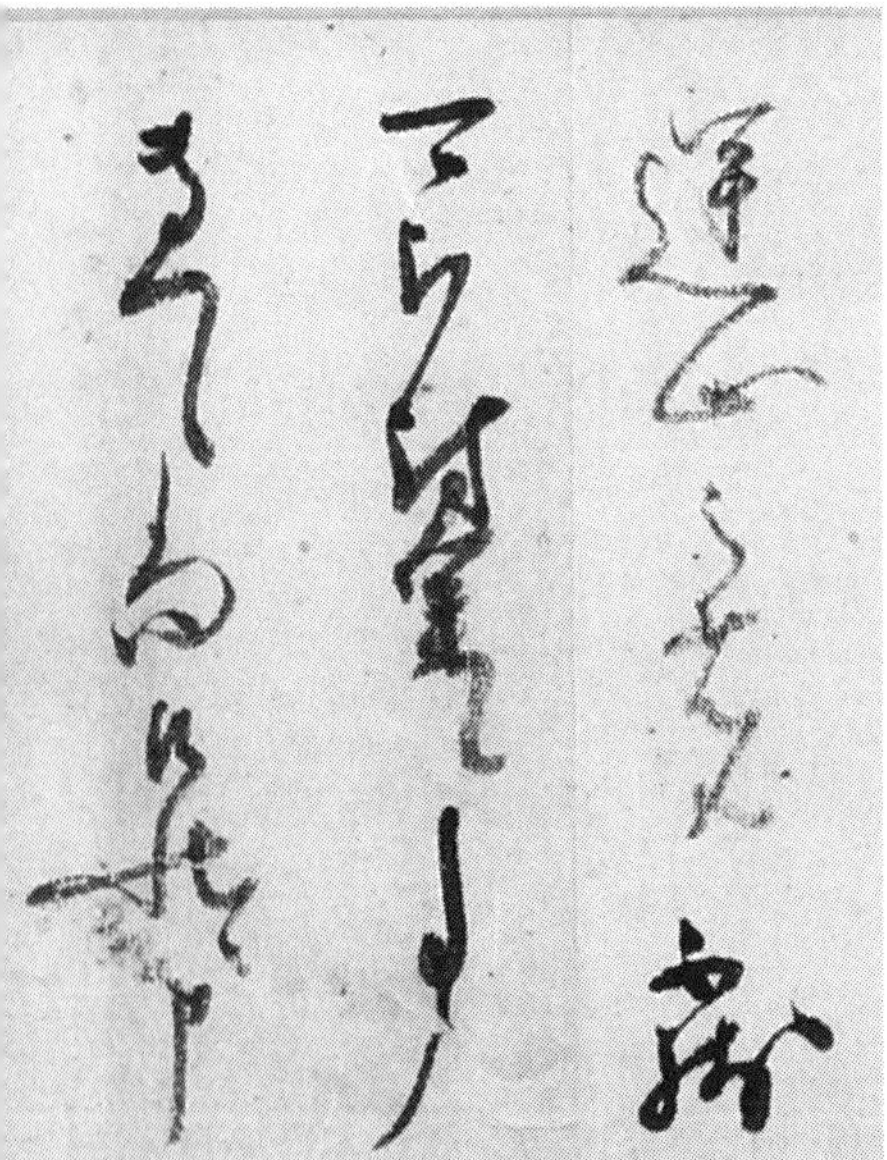

（天正19年）７月22日付け前田利家書状

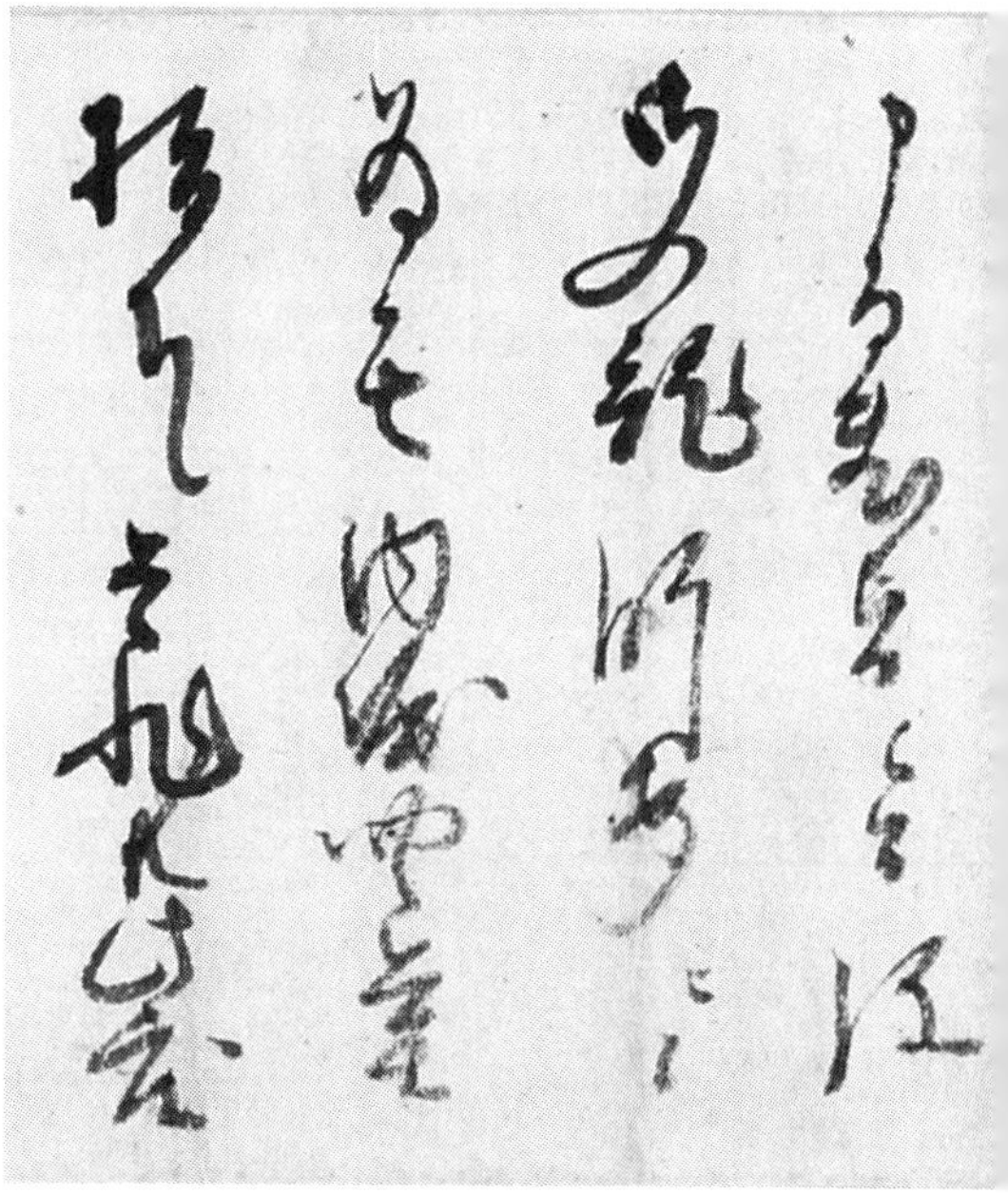

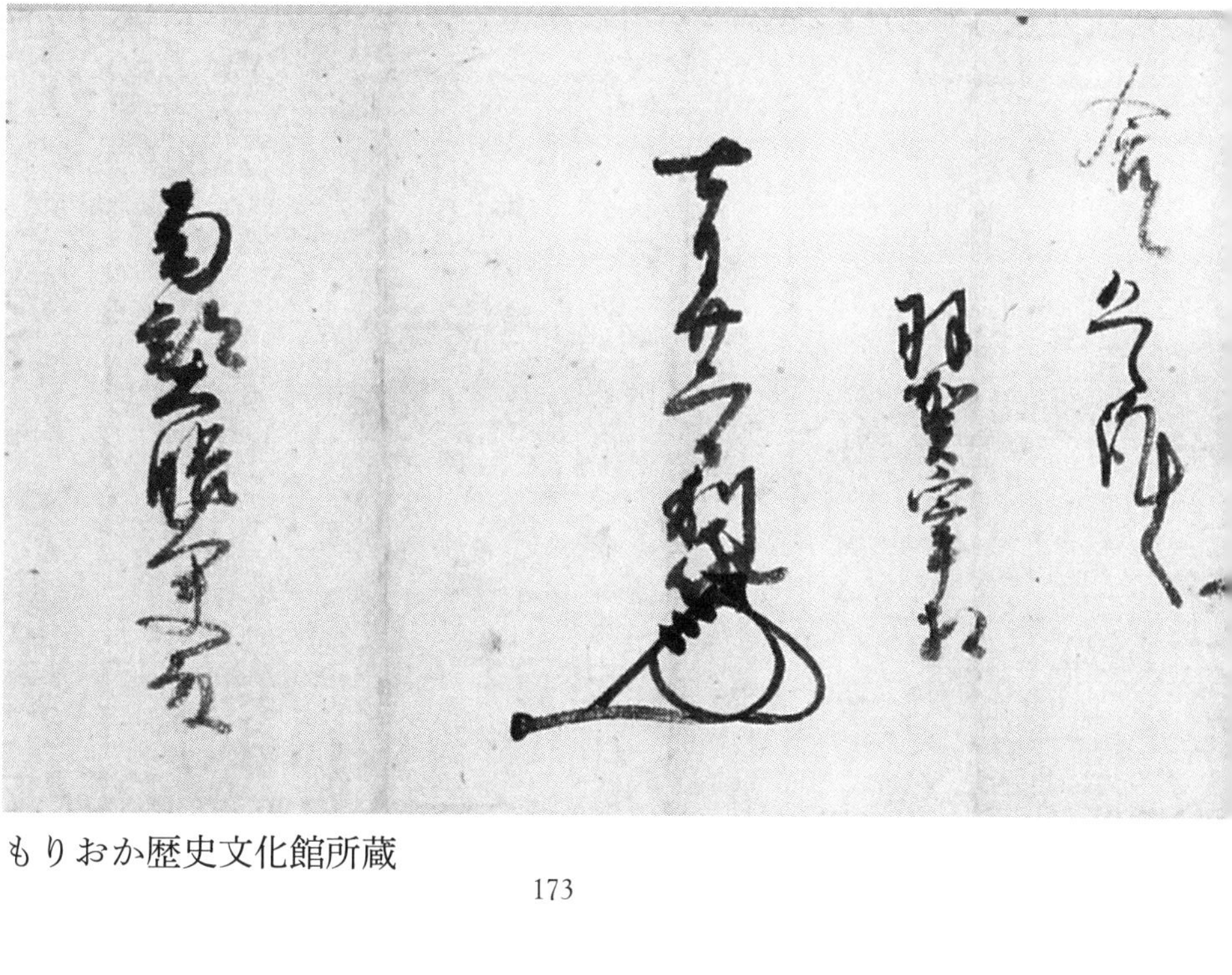

もりおか歴史文化館所蔵

（天正十九年）七月二十二日付け前田利家書状

この書状は、天正十九年（一五九一）に比定される前田利家(まえだとしいえ)のもので、宛先は北奥の戦国大名南部信直(なんぶのぶなお)です。利家は天文七年（一五三八）に利昌(としまさ)の子として尾張国で誕生しました。以後、織田信長、豊臣秀吉に仕え、秀吉の死後は五大老(ごたいろう)に列せられました。「加賀百万石」の礎を築いた人物として知られています。

南部信直は、天文十五年（一五四六）に高信(たかのぶ)の子として誕生し、のちに一族の南部晴政(はるまさ)の養子になりました。天正十四年（一五八六）、信直は利家を通して、秀吉に近づくことに成功します。天正十八年（一五九〇）の小田原征伐後、信直は秀吉から南部内七郡を安堵され、翌年の九戸政実(くのへまさざね)の反乱の平定後、十万石の大名となりました。

① 

ここは「態令啓候」と読みます。

「態令啓候」というのは、書状の冒頭に書く慣用句のようなもので、「特に申し上げます」ほどの意味です。「態」一字で、「わざと」や「わざわざ」と読みます。部分が部首の「したごころ」です。「啓」を読んでから「令」に返って読みます。「啓」か

ら伸びて、点のように書かれた「候」に注意してください。

「態令啓候」、つまり「わざと啓せしめ候」とは、「特に申し上げます」という文意になります。

② 

ここは「仍今度其表御人数被指遣候」と読みます。

「仍（よって）」が難読かもしれませんが、この形がよく出てきます。次の「今」は、①で見た「令」と似通っていますが、よく見ると下の部分が異なっています。つまり「令」は、「今」はとなっているのです。は古文書に頻出する「其」ですが、楷書体とは全く形が異なります。それゆえ、こういう文字は形ごと覚えてしまうしかありません。「其表」の「表」は「面」と同義で、その方向の土地・地方を表します。この場合は、南部氏の支配領域である、三戸（さんのへ）（青森県三戸郡）を指します。

「御人数」は軍勢のことを指していますが、わざわざ丁寧に「御」を付けているのは、それが豊臣秀吉の軍勢だからです。同じく「被指遣候」（差し遣わされ候）というのも、秀吉が軍勢を派遣したので、その行動に敬意を表した「被」という語が付いているのです。「被」は頻出するので、覚えておきましょう。「遣」は部分が「し

んにょう」です。「候」は、①で見た「候」と同じ形です。

天正十八年（一五九〇）の小田原征伐後、そのまま秀吉は奥州仕置を実行し、小田原に出陣しなかった大崎義隆（おおさきよしたか）らを改易（かいえき）処分としました。しかし、翌天正十九年二月に九戸政実が秀吉に反旗を翻して挙兵したため、秀吉は奥州の再仕置を決断します。こうして同年六月、豊臣秀次（ひでつぐ）を大将とした軍勢が奥州（三戸）に出陣しました。「仍今度其表御人数被指遣候」は、まさしくそのことを意味しています。

「仍今度其表御人数被指遣候」、つまり「仍て今度その表へ御人数指し遣わされ候」とは、「よって、今度その表（奥州三戸）に（秀吉が）軍勢を指し遣わされました」という文意になります。

③

ここは「定早速可属御本意候」と読みます。

「定（さだめて）」には、「きっと。必ず。間違いなく」という意味があります。「早速」のくずし方は典型的なものですので、覚えておきましょう。「可」は、カタカナの「マ」のようなくずし方になる頻出の形です。「属」が難読ですが、部分が「しかばね」という部首「尸」で、「がんだれ」という部首「厂」と同じ形になります。「属す」は、「従う」と解釈していいでしょう。

「本意」とは、「本心。真意」のことです。この場合は、丁寧さを表す「御」が付いていますので、秀吉の本心（＝秀吉の味方になること）になります。なお、「御」は、②の「御」とくずし方が違います。

「定早速可属御本意候」、つまり「定めて早速御本意に属すべく候」とは、「必ず、すぐにも（秀吉の）本心に従ってください」という文意になります。

④ 

ここは「然者貴所御分領之儀」と読みます。

「然」のくずし方は典型例ですので覚えてしまいましょう。「然者」とは、「そういうことなので」という意味で、前の文章を受ける接続詞です。

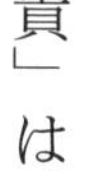「貴」は、楷書体と全く違う形になりますので注意してください。「所」は、典型的なくずし方の一例です。「貴所」とは、相手の住む場所を敬っていう言葉で、この場合は信直の住む場所を示しています。

「御」は②で見た「御」と同じです。は「分」ですが、かなり省略して書かれています。「領」の部首である「おおがい」の形は必ず覚えてください。「御分領」とは、信直の支配領域を指しています。「儀」は、一見すると「伐」のように見えますが、

「伐」だと日本語の文章になりません。旁の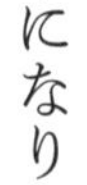「義」が、かなり簡略して書かれています。「然者貴所御分領之儀」、つまり「然らば貴所御分領の儀」とは、「そういうことなので、あなた（＝信直）の分領（支配領域）について」という文意になります。

⑤ 

ここは「太願外ニ、於此方追々申合候」と読みます。

「太」は、「はなはだ」と読み、「普通の程度を越えていること（甚だしいこと）」を表す言葉です。次の「願」の旁「頁」のくずし方は、④の「領」の旁「頁」と同じです。「ニ」が右脇に小さく書かれているので、注意してください。

「於」は平仮名「お」の字母で典型的なくずし方ですが、「出」のくずし方ともよく似ています。「此」も頻出するくずし方です。「此方」とは利家のことです。

「追」の部分が「しんにょう」です。右下に書かれたがカタカナの「ニ」のように見えますが、「追ニ」と読んでしまうと文章になりませんので、「々」と判読します。

「太願外ニ、於此方追々申合候」、つまり「はなはだ願外に、この方において追々申し合わせ候」とは、「はなはだ願外に、追々この方（＝利家）が（秀吉に）相談申し上げます」という文意になります。「太願外ニ」というのは訳しにくいのですが、「特別に」ほどの意味と考

えてよいでしょう。

⑥ 

ここは「如在申間敷旨候間」と読みます。

「如」の字はくずしが大きくなると、旁の「口」の部分が省略されて平仮名の「め」（「女」のくずし字）と同じ形になります。「如在（じょさい）」とは、「形ばかりで、いい加減にことをすること。なおざりにすること」など、多様な意味がありますが、この場合は前後の文脈から判断して、秀吉に対する「口ごたえ」という意味になるでしょう。秀吉に対して、等閑（なおざり）な態度をとってはいけないということです。

次の「申」は、⑤の「申」よりも読みづらいです。「間」は、最初の「間」と最後の「間」とでは形が異なっています。最初の「間」は平仮名の「る」に似ていますが、最後の「間」は小さいながらも「もんがまえ」と「日」を確認できます。平仮名の「る」に似たくずし字には、「為」や「而」があるので、分脈から判断してください。

また、「旨」と最後の「間」のくずし方も似ていますが、「旨」には「ヒ」がある点に注意しましょう。この場合の「旨」とは、秀吉の意向を表しています。

「如在申間敷旨候間」、つまり「如在申すまじき旨に候間」とは、「口ごたえを申してはいけないという旨（＝秀吉の意向）なので」という文意になります。利家が信直の分領を保障するよう交渉するので、秀吉の意向に沿うようにし、敵対する言動をするな、ということになるでしょう。

⑦ 

ここは「弥御入魂肝要ニ候」と読みます。

「弥」は、一字で「いよいよ」と読みます。「御」は、信直に対する丁寧な表現で、④に出てきた「御」と同じくずし方です。は「入魂（じっこん）」ですが、「魂」がかなりの難読です。「入魂」は「親密であること」を意味し、この場合は信直が秀吉と親密な関係になることを指しています。

も難読です。これは「肝要（簡要）」と読むのですが、「肝要」には「重要なこと。大切なこと」の意があるので、二人が親密になることが重要だと述べています。

「ニ候」は、「ニ」が右脇に小さく書かれていますが、見逃さないように注意しましょう。

「弥御入魂肝要ニ候」、つまり「いよいよ御入魂肝要に候」とは、「いよいよ（秀吉と信直が）

御入魂（親密な関係）になることが肝要（重要）です」という意味です。

⑧ 

ここは「為其、内堀四郎兵エ指下候」と読みます。

「為」は、「為」の典型的なくずし方の一つです。もっとくずれると「ゐ」と同じ形になります。「其」は、②で見た「其」と同じ形です。

「内堀四郎兵エ」は利家の家臣で、当時は南部氏の取次（とりつぎ）をしていました。のちに信直に仕えた人物として知られています。「郎」の字は、左側の「良」が省略されており、旁の「阝」（おおざとへん）もわかりづらいので注意してください。「エ」は、本来「衛」を書くべきですが、カタカナで書かれることもあります。「指」は、②で見た「指」と同じくずし方です。

「為其、内堀四郎兵エ指下候」、つまり「そのため、内堀四郎兵衛を指し下し候」とは、「そのため（利家からの用件を伝えるため）、内堀四郎兵衛を指し下しました」という文意になります。

⑨ 

ここは「是非共、此度逆心之者共、不残可被討果候事、専一候」と読みます。

「是非共」は、文字どおりの解釈でいいでしょう。「是」が平仮名の「そ」のように見えますが、次の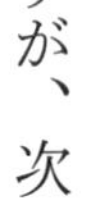が「非」の典型的なくずし字ですので、「非」の熟語と判断して「是」を導き出します。「此」は、⑤で見た「此」と、「度」は②で見た「度」とくずし方が同じです。「逆心之者共」とは、秀吉に対して挙兵した九戸政実らの一味を指しており、「逆心」には裏切りという意味があります。「共」は、「是非共」の「共」と同じ形に見えるでしょうか。続く「不」は、平仮名「ふ」の原形です。「残」は、が「歹」の、が「戋」のくずし字です。「戋」は「銭」や「浅」のくずし字にも見られるくずし方です。「可」は、初級編の文書の中に何度も出てきました。「被」は、②で見た「被」と異なり、平仮名の「ら」のようなくずし方になっています。どちらも「被」の頻出するくずし方です。「事」は、最も「事」が省略して書かれた場合の典型的なくずし方です。

「専一（せんいつ）」には、「第一であること」の意味があります。もちろん、それは秀吉に逆らった九戸政実ら一党の討伐に専念する、ということです。

「是非共、此度逆心之者共、不残可被討果候事、専一候」、つまり「是非とも、このたび逆心の者ども、残らず討ち果たさるべく候事、専一に候」とは、「是非とも、このたびの逆心

の者ども（九戸政実ら一党）を（南部信直が）残らず討ち果たす事が第一のことです」という文意になります。

⑩ 

ここは「尚口状ニ申含候、恐々謹言」と読みます。

「尚（なお）」は、「猶」と共によく使用されます。「口状」は「口上（こうじょう）」とも書き、「口頭で述べること」を意味します。この場合は、使者である内堀四郎兵衛が口頭で報告するということです。書面では、すべてを書き尽くせないので、詳細は使者が口頭で述べることが多かったのです。

書止文言の「恐々謹言」は、おおむねこのようなくずし方をしますので、一字ずつ覚えるのではなく、丸ごとセットで覚えてしまいましょう。「恐々謹言」には、「恐れながら謹んで申し上げる」の意があります。

「尚口状ニ申含候、恐々謹言」、つまり「なお口状に申し含め候、恐々謹言」とは、「なお、口状に申し含めています（詳細は、内堀四郎兵衛が口頭で報告）。恐々謹言」という文意になります。

最後に、日付は「七月廿二日」で、これは冒頭で述べたように天正十九年（一五九二）です。

差出人の「羽賀」とは「羽柴加賀」を略したものです。利家は天正十四年（一五八六）に秀吉から羽柴姓を、天正十六年（一五八八）には豊臣姓を下賜されています。「加賀」は利家の本領の一部である加賀のことでしょう。「宰相」とは「参議」の異称で、当時、利家は参議の位にありました。

宛名は「南部大膳大夫殿」です。

〔釈文〕

態令啓候、仍今度」其表御人数被指」遣候、定早速可属」御本意候、然者」貴所御
分領之儀、」太願外ニ、於此方」追々申合候、如在」申間敷旨候間、弥」御入魂肝
要ニ候、」為其、内堀四郎兵エ」指下候、是非共、此度」逆心之者共、不残」可被
討果候事、専一候、尚口状ニ申」含候、恐々謹言、」

羽賀宰相

七月廿二日　利家（花押）

南部大膳大夫殿

〔読み下し文〕

わざと啓せしめ候、仍て今度その表へ御人数指し遣わされ候、定めて早速御本意に属すべく候、然らば貴所御分領の儀、はなはだ願外に、この方において追々申し合わせ候、如在申すまじき旨に候間、いよいよ御入魂肝要に候、そのため、内堀四郎兵衛を指し下し候、是非とも、このたび逆心の者ども、残らず討ち果たさるべく候事、専一に候、なお口状に申し含め候、恐々謹言、

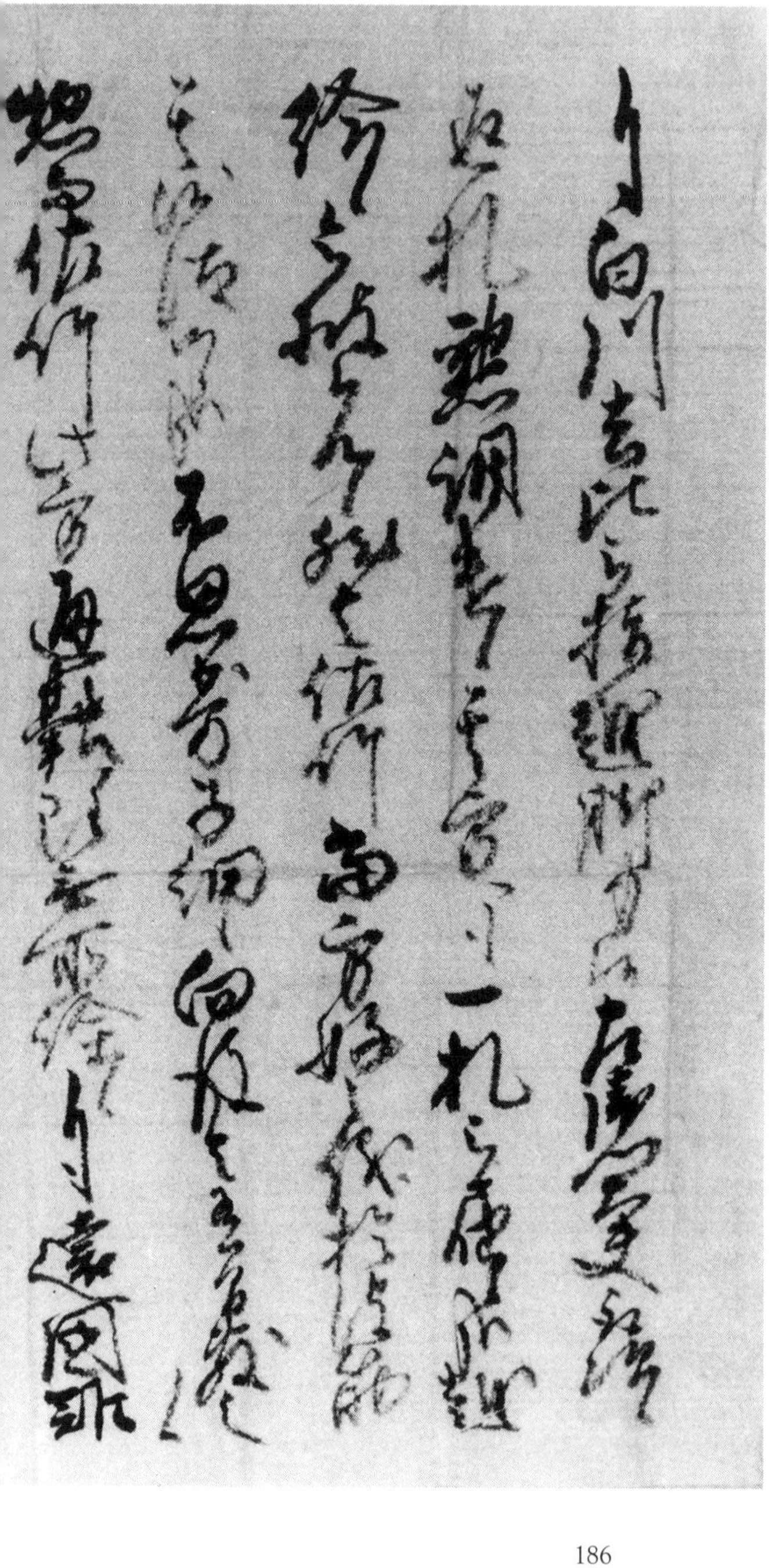

（弘治２年）４月４日付け北条氏康書状

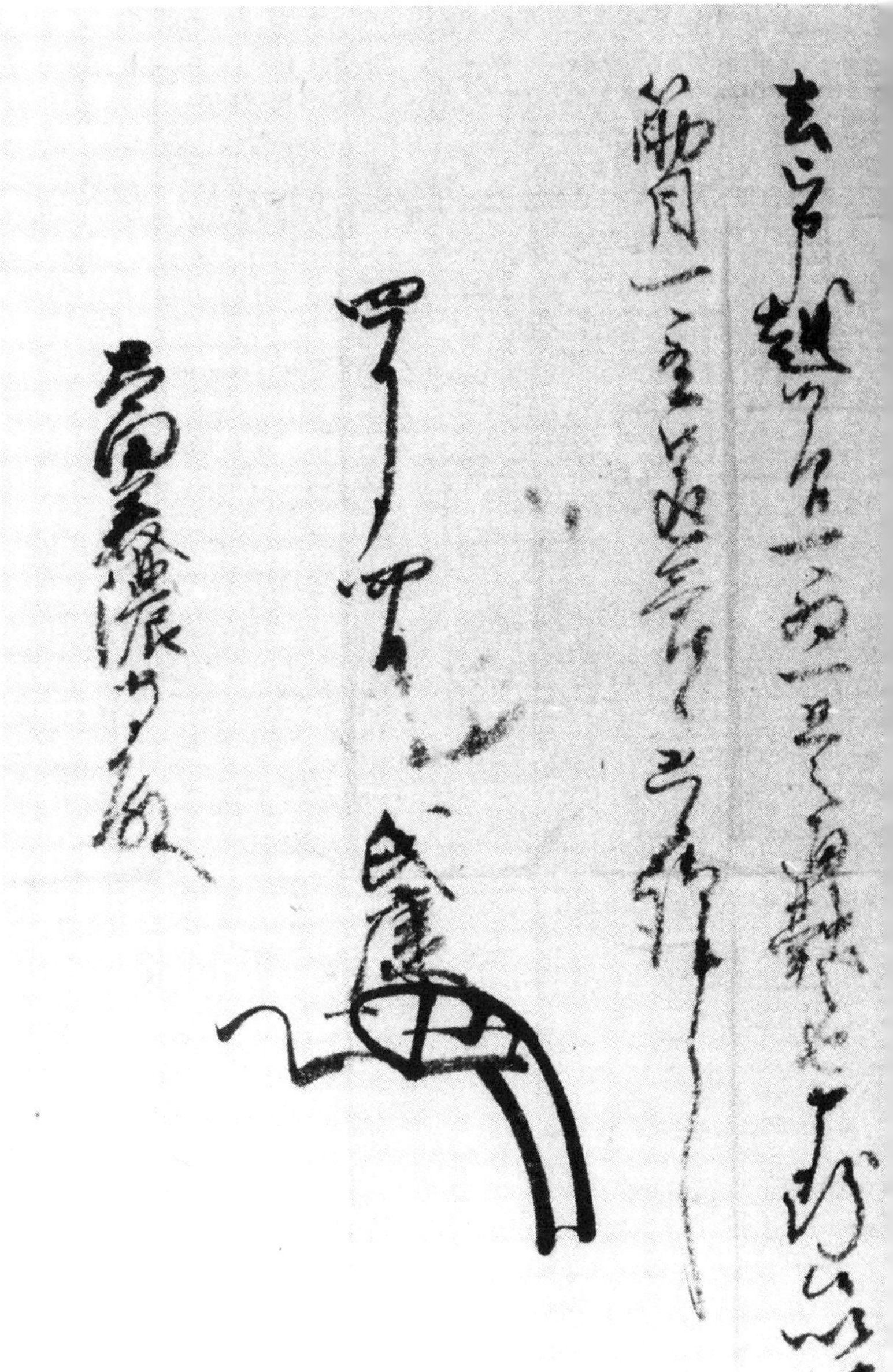

東京大学文学部所蔵

(弘治二年)四月四日付け北条氏康書状

この書状は、弘治二年(一五五六)に比定される北条氏康のものです。氏康は、氏綱の長男で、伊勢宗瑞(北条早雲)の孫にあたります。天文十年(一五四一)七月に父氏綱の死去によって家督を継ぎ、小田原北条氏の三代目の当主となりました。天文十五年(一五四六)四月の河越合戦で足利晴氏(古河公方)・上杉憲政(山内上杉氏)・上杉朝定(扇谷上杉氏)の連合軍に勝利し、小田原北条氏を関東の雄に押し上げた人物です。

宛先の「太田美濃守」は太田資正です。資正は、扇谷上杉氏の宿老だった太田氏の一族で、太田道灌の甥資家の孫にあたります。資正の一族は、武蔵国岩付城(埼玉県さいたま市)を本拠地としたことから、岩付太田氏と呼ばれています。天文十六年(一五四七)十月に当主だった兄資顕が死去しますが、兄と対立していた資正は、これを機に岩付城へ入り、家督を継承しました。当初は小田原北条氏に対抗していましたが、翌年正月に小田原北条氏に従属しました。

①

ここは「自白川去比被指越脚力候」と読みます。

冒頭の「自」は「○○から」という意味の助詞です。頻繁に使用される文字なので、だいぶ省略された形になっています。「白川」は、現在の福島県白河市を本拠地とした大名である白河結城（しらかわゆうき）氏のことを指しています。この時の当主は晴綱（はるつな）です。地名は「白河」と表記しますが、当時の史料では、家名として「白川」と表記されていました。

「去比」ですが、「去」は「さんぬる」と読みます。「比」は、通常は「頃」を使いますが、当時は「比」の字も多く使用されています。次は「脚力」を先に読んでから「指越」、「被」と順に返って読みます。「脚力」とは飛脚のことです。当時は、大名間で書状のやり取りをする際に、使者と飛脚が用いられました。使者は書状の運搬だけでなく、大名との交渉も行いましたが、これに対して、飛脚は基本的に書状の運搬のみを行いました。「指」は「差」とも書き、「越」の接頭語です。「被」は平仮名「ら」のように見えますが、この形は頻出しますので必ず覚えておいてください。

「自白川去比被指越脚力候」、つまり「白川より去るころ脚力を指し越され候」とは、「白川（晴綱）から先日脚力が遣わされてきました」という文意になります。

②

ここは「左衛門大夫取次候、返札懇調遣候」と読みます。

「左衛門大夫」は、氏康の妹婿である北条綱成（つなしげ）です。綱成は、駿河の福島氏出身と言われ、氏綱の三男為昌（ためまさ）の養子となり、為昌の死後、相模国玉縄（たまなわ）（神奈川県鎌倉市）の城主となりました。そのため、この一族は玉縄北条氏と呼ばれ、小田原北条氏の有力一族に数えられました。「衛門」は、人名で頻繁に使用されるので、だいぶくずされています。

「取」は楷書体と全く異なるこの形が典型例ですので、ぜひ覚えましょう。

①で白川氏から氏康のもとに脚力で書状が届けられたことから考えると、「返札」は「返事の書状」、「懇」は「ねんごろに」と読み「丁重に」、「調」は「ととのえ」と読み「作成する」という意味になり、氏康が晴綱へ返事の書状を書いたことがわかります。「遣」のくずし字は、カタカナ「キ」に似ていますが、「しんにょう」がしっかりと書かれており、この形が典型例です。「したごころ」「ごんべん」「しんにょう」を、しっかりと見分けてください。

「左衛門大夫取次候、返札懇調遣候」、つまり「左衛門大夫取り次ぎ候、返札懇ろに調え遣わし候」とは、①の意味と合せて考えると、「（脚力で運ばれた晴綱からの書状を）北条綱成が私（氏康）に取り次いだので、晴綱へ丁重に返事（の書状）を遣わしました」という文意になります。

③

ここは「其方へも一札被届候哉、越給候、令披見候」と読みます。

「其方」は宛先の太田資正を指しています。「其」は、初級編に何度も出てきましたが、もう大丈夫でしょうか。「へも」は助詞が二つ重なり、かつ平仮名で書かれているので、だいぶくずされています。「一札」は、「一通の手紙」という意味で、②の文脈から考えると、晴綱から資正への書状を指しています。「被」は①にも出てきました。「哉」は「や」または「か」と読み、疑問を意味する助詞ですが、慣れないと読みづらい文字です。「令」も初級編に何度も出てきました。「披見」を先に読んでから「令」に返って「ひけんせしめ」と読みます。

「其方へも一札被届候哉、越給候、令披見候」、つまり「そなたへも一札届けられ候や、越し給わり候、披見せしめ候」とは、主語が省略されていて難解ですが、①と②の文意と考え合わせると、「そなた（資正）へも晴綱から書状が届いているか疑問に思っていたところ、そなた（資正）から書状が来たので読みました」という文意になります。

④ 

ここは「然者、佐竹・当方好之儀、於彼筋其沙汰候哉」と読みます。

「然者（しからば）」は、「それならば、それでは」という意味です。ここでは「者」に注意してください。「佐竹」は、この場合、佐竹義昭（さたけよしあき）のことを指しています。佐竹氏は常陸国太田（おおた）城（茨城県常陸太田市）を拠点として、常陸国の北中部に勢力を持つ大名です。当時の佐竹氏は、南から陸奥国高野郡（福島県棚倉町・塙町・矢祭町を含む地域）に進出していたため、高野郡を支配する白川晴綱と対立していました。

これに対して「当方」は、氏康すなわち小田原北条氏のことを指しているため、「好之儀（よしみのぎ）」とは、「佐竹義昭と北条氏康が友好関係にあること」という意味になります。「彼筋」とは、ここまでの文意から考えると、白川晴綱のことを指しており、意訳すると「白川のほうでは」となります。「沙汰」には、「処理、処置」などの意味があります。

「然者、佐竹・当方好之儀、於彼筋其沙汰候哉」、つまり「然らば、佐竹・当方の好（よしみ）の儀、彼筋において、その沙汰に候や」とは、「それでは、佐竹氏と北条氏が友好関係であることについて、白川のほうでは、そのように処理されているのでしょうか」という文意になります。

⑤ 

ここは、「不思寄子細候、向後者有間敷之候」と読みます。「不思寄」とは、いわゆる「不思議」のことで、「寄」は「議」の当て字です。は「子細」、は「向後」。「後」は、④で見た「彼」と非常に似ています。「者」も④で見ました。「有間敷」は「あるまじく」と読み、古文書によく出てくる表現です。打消の意思を意味する「まじ」の連用形「まじく」に、「間」と「敷」の字を当てたものです。「有間敷之候」は、まず「之」を先に読み「有間敷」を読んでから「候」へ戻ります。

「不思寄子細候、向後者有間敷之候」、つまり「不思寄の子細に候、向後はこれあるまじく候」とは、「不思議な子細であり、今後は（そのような事は）ないつもりである」という文意になります。ここで氏康は、④にもあるように、佐竹氏と北条氏が友好関係であるという白川氏側の認識を、「不思議な子細」として否定しています。白川氏としても、北条氏が自分たちと敵対する佐竹氏と秘かに手を組んでいないかどうかを確認するために、北条氏へ書状を送ったことがわかります。

⑥

ここは、「惣而、佐竹・此方通融、雖無所詮候」と読みます。

「惣」の字は、「総」が間違って伝えられた漢字とされていますが、「惣村」という用語があるように、「惣而（そうじて）」も含めて古文書では頻繁に使用されます。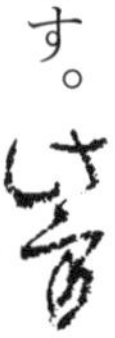「此方」は、ここまでの内容からもわかるように、北条氏のことを指しています。「通融」は、「滞りなく通じる」という意味を持つ「融通」の上下が逆転した形で、④の「好之儀」と同じく、「友好関係にあること」と解釈できます。

ここでのは「雖（いえども）」ですが、難読です。「無所詮」は墨がかすれてわかりづらいですが、この場合は「詮する所なく」、つまり「説き明かすところがない」という意味で、要するに「言うまでもない」と氏康は言っています。「所詮」を先に読み、「無」に返って「候」を読んでから「雖」を最後に読みます。

「惣而、佐竹・此方通融、雖無所詮候」、つまり「惣じて、佐竹・此方の通融、所詮なく候といえども」とは、「結局のところ、佐竹氏と北条氏が友好関係になることは、言うまでもなく、ありえないことですが」という文意になります。ここで氏康は、改めて佐竹氏と北条氏との友好関係が無いことを再確認しています。

⑦ 

ここは、「自遠国難去、被申越候間、可為一旦之通融之由、中断候」と読みます。「遠国」は、これまでの文意から考えると、佐竹氏のことを指していると考えられ、そして「被申越」とあることから、書状を携えた使者が佐竹氏から派遣されていると考えられます。「間」は、「旨」と形が似ていることがあるので解読の際は要注意です。「自」、「越」、「通融」は、前に出てきた文字と同じ形のくずし字です。「難去」は、「見放せない、見過ごせない」と解釈できます。「難」は、が部首の「ふるとり」です。

次は「一旦之通融」を先に読み、「為」、「可」に順次返ってから「之」を読みます。「由」は、墨が薄くて読みづらいですが、カタカナ「セ」に形が似ています。「断」は、が部首の「おのづくり」の典型的な形ですが、左側がだいぶ簡略化されています。「中断」は「わけを話す」という意味です。

「自遠国難去、被申越候間、可為一旦之通融候由、中断候」、つまり「遠国より去り難く、申し越され候間、一旦の通融たるべきの由、申し断り候」とは、「遠国から来た佐竹氏の使者を見放すことができなかったので、一時的に友好関係になったと、白川氏側に伝えます」

という文意になります。白川氏側より確認の書状が来ていることから考えて、わけを話す相手は白川氏になります。

⑧ 

ここは、「以此筋目、可有御返答候、恐々謹言」と読みます。

「以」は、通常「○○を以て」と下から返って読み、この場合は「○○によって」という意味の助詞です。「筋目」には、いろいろな意味がありますが、ここでは「道理」と訳します。「筋」、「有」、「返」は、前に出てきたくずし方と同じ形です。「有」と「返」の間にある「御」は、かなり省略されていますが、この形もよく出てきます。「答」は、「たけかんむり」と「合」の字が少し離れており、二字に見えるので、解読の際には注意してください。

「恐々謹言」は、もう読めるでしょうか。

「以此筋目、可有御返答候、恐々謹言」、つまり「この筋目を以て、御返答あるべく候、恐々謹言」とは、「この道理をもって、白川氏側に返答するように、恐々謹言」という文意になります。

最後に、日付は「四月四日」、差出人は「氏康」（花押）、宛名は「太田美濃守殿」です。太田資正は、弘治二年の段階では、北条氏に従属していたので、この書状によって、北条氏側の返答を白川氏側に伝える使者として選ばれたことがわかります。

以上から、この書状は小田原北条氏と白川氏の外交を示す文書と言うことができます。この書状が出された八日後の四月十二日に、太田資正から白川晴綱に宛てて出された書状が残っています。それによると、この書状で氏康から資正に伝えられた内容が、白川晴綱にも伝えられており、今後、晴綱が北条氏側に用がある場合は、資正が間違いなく伝えることを述べています。

つまり、資正は弘治二年の段階で、北条氏側の外交窓口として、白川氏と北条氏の間を取り次ぐ役割を担っていたことがわかります。さらに、この書状で北条綱成も白川氏からの脚力を取り次いでいることから、情報の伝達ルートとして、白川晴綱―太田資正―北条綱成―北条氏康という構図が浮上します。これは、資正が天文十七年正月に北条氏に従属したあとに、北条綱成の指南を受ける政治的位置にいたことを示しています。

一方、北条氏に使者を送って好を通じようとした佐竹氏ですが、義昭の祖父義舜（よしきよ）の代から、白川氏と抗争を続けていました。義舜の代に白川氏の支配領域である常陸国依上保（茨城県大子町一帯の地域）を攻略して、次の義篤の代には陸奥国高野郡へ侵攻を開始して、白川氏の支配領域を脅かす存在となっていました。そして、義昭の代になると、佐竹氏の攻勢がさらに強まりました。このため、白川晴綱は佐竹氏を背後から牽制するべく、小田原北条氏や古河公方と外交交渉を行ったのです。

なお、書状の日付である「四月四日」から、「月」の字の右側と「日」の字の右下のほうに、黒いシミのようなものが付いています。これはシミではなく、おそらく花押を書いた時の墨が、書状を折り曲げた際に付いたものと考えられます。

しかも、「筋目……」の行の右側部分と「氏康」の「氏」の字の下方に、料紙を折った時に付いた縦と横の折れ線のようなものが見えます。特に横線のほうは、字の上に被っているので、先程の墨の部分と合わせて考えると、この書状は、本文・日付・署名・花押を書いたあとで、料紙の横を内側に折り、そのあとで料紙の縦を畳むように折ったと考えられます。

これらのことから、この書状は作成後、あまり時間の経過しない内に折り畳まれて、だいぶコンパクトになって、宛先の資正に届けられたと推測できます。そのような料紙の状態と本文の内容から、この書状は、もしかしたら北条氏の密書だったかもしれません。

〔**釈文**〕

自白川去比被指越脚力候、左衛門大夫取次候、」返札懇調遣候、其方へも一札被届候哉、越」給候、令披見候、然者、佐竹・当方好之儀、於彼筋」其沙汰候哉、不思寄子細候、向後者有間敷之候」惣而、佐竹・此方通融、雖無所詮候、自遠国難」去、被申越候間、可為一旦之通融之由、申断候、以此」筋目、可有御返答候、恐々謹言、」

四月四日　　氏康（花押）

太田美濃守殿

〔**読み下し文**〕

白川より去るころ脚力を指し越され候、左衛門大夫取り次ぎ候、返札懇ろに調え遣わし候、そなたへも一札届けられ候や、越し給わり候、披見せしめ候、然らば、佐竹・当方の好の儀、彼筋において、その沙汰に候や、不思寄の子細に候、向後はこれあるまじく候、惣じて、佐竹・此方の通融、所詮なく候といえども、遠国より去り難く、申し越され候間、一旦の通融たるべきの由、申し断り候、この筋目を以て、御返答あるべく候、恐々謹言、

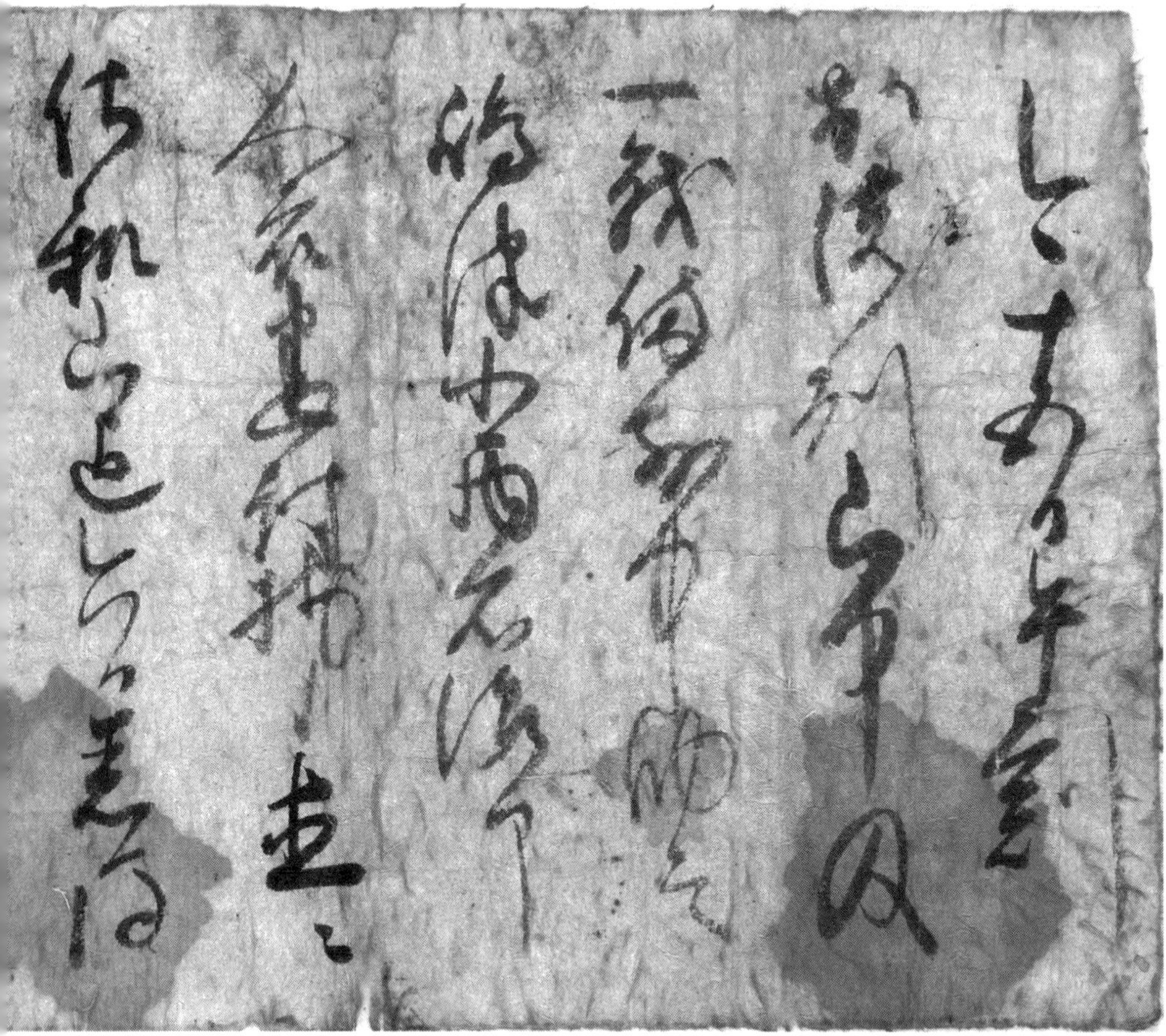

（慶長５年）９月15日付け徳川家康書状

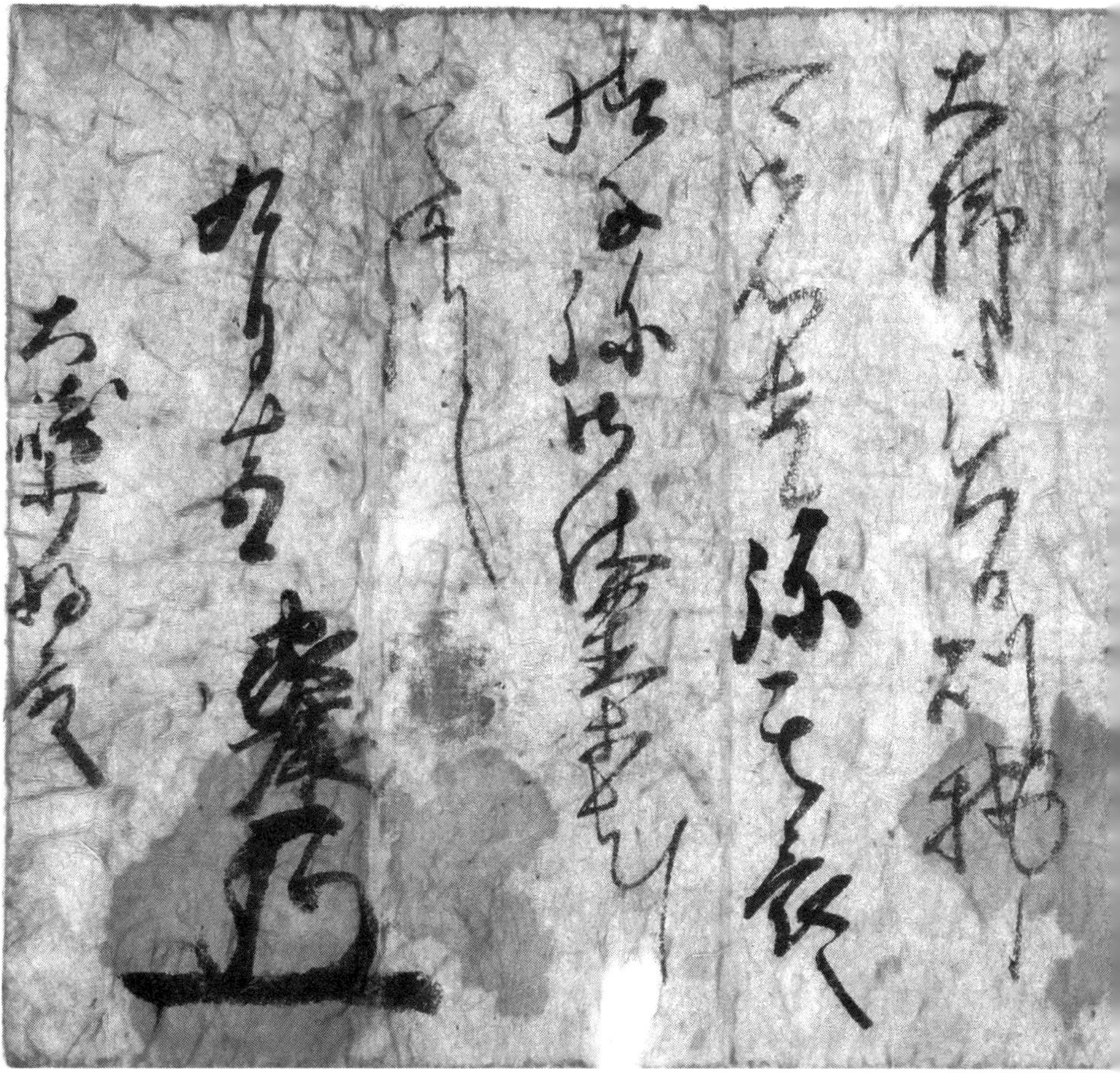

天理大学附属天理図書館所蔵

（慶長五年）九月十五日付け徳川家康書状

この書状は、慶長五年（一六〇〇）に比定される徳川家康のもので、宛先に「大崎少将」とあるのは奥羽の戦国大名伊達政宗（だてまさむね）です。

慶長五年九月十五日、美濃国関ヶ原（せきがはら）（岐阜県関ヶ原町）での戦いを終えたばかりの家康が、奥羽で上杉景勝（うえすぎかげかつ）と睨み合いを続けている政宗に対して送ったもので、家康が関ヶ原の戦いの当日のうちに戦勝を伝えたのは、この書状のほかには江戸の留守を任せていた家臣石川家成（いしかわいえなり）に送ったもののみが確認されています。

関ヶ原の戦いについての文献史料は、当事者による本戦当日のものがあまり存在せず、信頼のおける史料でも、日をおいて書かれたり、伝聞が交じっていたり、後世の編纂物に拠るものが多く見られます。

①

ここは「今十五日午刻、於濃州山中及一戦」と読みます。

「今十五日」は、「今現在が十五日」ということであり、この書状の日付が「九月十五日」とあるので、「今まさに九月十五日である」という意味です。仮に「先」

とあれば、九月以前の十五日であると考えられます。「午刻」は、午後十二時の前後二時間程度を指します。

「於」は、「おいて」と読み、下から返って読む返読文字です。「出」と似ていますので、読み間違えないように気をつけましょう。「濃州」は美濃国のことで、現在の岐阜県にあたります。「州」は、信州や甲州など、日本で古くから用いた地域単位としての国を表す言葉として使用されます。「山中」は美濃の山中（岐阜県関ケ原町）のことです。

「今十五日午刻、於濃州山中及一戦」、つまり「今十五日午の刻、濃州山中において一戦に及び」とは「本日九月十五日の午の刻、美濃国の山中において一戦に及び」という文意になります。

② 

ここは「備前中納言・嶋津・小西・石治部人衆悉討捕候」と読みます。

「備前」は国名、「中納言」は官職名です。備前国は現在の岡山県東部にあたります。当時、備前国を領有し「中納言」という官職にあったのは、宇喜多秀家です。彼は元亀三年（一五七三）に直家の子として生まれました。父の死後、備前・美作（現

在の岡山県北部）の相続を認められるなど羽柴秀吉に厚遇され、その重臣として活動しました。のち、豊臣政権の五大老（ごたいろう）の一人となり、関ヶ原の戦いでは西軍につき、慶長十一年（一六〇六）には八丈島に流罪、明暦元年（一六五五）十一月に同地で亡くなりました。「前」が難読ですが、「備」が読みやすいので、国名ではないかと予測がつきます。「納」も、旁の「内」から判読できそうです。

「嶋津」は、島津義弘（しまづよしひろ）のことです。天文四年（一五三五）に、貴久（たかひさ）の次男として生まれました。兄の義久（よしひさ）と共に九州をほぼ平定しましたが、天正十五年（一五八七）に秀吉に敗れました。関ヶ原の戦いでは西軍に属し、敵中を縦断して退却したことで知られます。が「やまへん」の、が「鳥」の典型的なくずし字です。

「小西」は、小西行長（こにしゆきなが）です。行長は、堺の豪商だった隆佐（りゅうさ）の子として生まれました。キリシタン大名として知られ、初め宇喜多氏に仕え、のちに秀吉の臣となり、肥後半国二十四万石の領主となります。文禄・慶長の役でも活躍し、関ヶ原の戦いでは西軍について敗れ、刑死しました。「西」の運筆を覚えましょう。

「石治部」は「石田治部少輔」の略で、石田三成（いしだみつなり）のことです。三成は、近江坂田郡石田村（滋賀県長浜市）の出身で、父は正継（まさつぐ）。十三歳の時に秀吉に仕えました。天正十三年（一五八五）に秀吉が関白になると、従五位下・治部少輔に叙任されます。同十五年の

九州征伐の際には長束正家と共に兵站を受け持ち、島津義久の降伏後は博多の復興のために尽力しました。同十八年の小田原征伐の際にも武蔵忍城（埼玉県行田市）の水攻めなどで活躍し、また文禄・慶長の役にも出陣して、軍需品輸送や占領政策にも才能を発揮しました。太閤検地に際しては、長束正家や浅野長政らと共にその中心的な役割を果たします。所領は、初め近江水口四万石でしたが、文禄四年（一五九五）には同国佐和山十八万石の城主となりました。秀吉の死後、関ヶ原の戦いで家康に敗れ、捕らえられて京都六条河原において刑死しました。

なお、「部」は、「音」が省略されて「おおざと」だけが残ったものと考えてください。特徴的なくずしですので、ぜひ覚えましょう。

「人衆」とは軍勢のことです。次の「悉」は一字で「ことごとく」と読む、古文書に頻出する用語で、が「したごころ」です。「捕」が読みづらいですが、「てへん」を手掛かりにして辞典を引けば「捕」にたどり着けるはずです。

「備前中納言・嶋津・小西・石治部人衆悉討捕候」、つまり「備前中納言・嶋津・小西・石治部人衆ことごとく討ち捕り候」とは、「宇喜多秀家や島津義弘、小西行長、石田三成ら（西軍）の軍勢をことごとく討ち捕りました」という文意になります。

③

ここは「直ニ佐和山迄、今日着馬候」と読みます。

は「直」の典型的なくずし字ですので、ぜひ覚えましょう。「佐和山」は、現在の滋賀県彦根市にある地名で、当時は石田三成が居城にしていました。徳川方は、九月十六日には佐和山城の攻囲を開始し、翌十七日には落城させています。は、異体字「迠」のくずし字です。新字体の「迄」ではなく「迠」がくずれたものが圧倒的に多く見られます。「着馬」は「馬が着く」わけですから、「到着する」の意です。「馬」がかなりくずれているので難読です。また「候」が同じ行に書ききれなかったためか、「馬」の左脇に書かれていることに注意してください。

「直ニ佐和山迄、今日着馬候」、つまり「直ちに佐和山迄、今日着馬候」とは「（西軍の軍勢を討ち捕ったら）すぐに佐和山城へ今日中に到着する」という文意になります。

④

ここは「大柿も今日則捕候」と読みます。

「大柿」とは「大垣」の当て字で、これは大垣城（岐阜県大垣市）のことです。関

ヶ原の戦いの際には、城主の伊藤盛正（いとうもりまさ）が西軍に属したため、三成らが入城して西軍の根拠地となりました。その後、西軍本隊は関ヶ原に移動、城内には福原長堯（ふくはらながたか）らが守将となって残りましたが、関ヶ原の本戦で西軍が敗北すると東軍に攻囲されて落城しました（大垣城の戦い）。

「も」がかなり読みづらいですが、「大柿」と「今日」という前後の文言から判断して、「も」を導き出しましょう。

「則（すなわち）」は、きれいな「かいへん」が書かれています。

「捕」は②で見たものと同じです。

「大柿も今日則捕候」、つまり「大柿も今日すなわち捕り候」とは「大垣城も本日中に（東軍の）手に落ちた」という文意になります。

⑤

ここは「可御心安候」と読みます。

「心安」は「こころやすい」と読み、「安心である。心配がない」の意です。

「安」が平仮名「あ」と同じ形をしているのは、「安」が平仮名「あ」の字母だからです。

「おこころやすかるべくそうろう」と読む決まり文句ですので、くずし字と一緒に覚えてしまいましょう。ここは、「（前文をうけて）ご安心ください」という文意です。

⑥ 

ここは「弥其表之様子、弥御仕置等尤候」と読みます。

「弥」は一字で「いよいよ」と読み、「いよいよ。ますます」の意です。「其」は「その」「それ」などと読み、この形が典型例ですので必ず覚えましょう。「表」は、ここではその方向の土地・地方を表す言葉です。つまり、この場合の「其表」とは、宛先となっている「大崎少将（伊達政宗）」のいる奥羽のことを指しています。「様子」の「様」は、よく見られるくずし方なのですが、読みづらかったかもしれません。

「御仕置」は、「処置すること。なしおくこと。戦国時代、封建領主が領民を支配すること」の意です。特に「置」は、特徴的なくずし方をしますので、ぜひ覚えてください。「尤」は一字で「もっとも」と読み、「道理に適っていること。なるほどその通りだと思われること。また、そのさま。当然」の意です。

「弥其表之様子、弥御仕置等尤候」、つまり「いよいよその表の様子、いよいよ御仕置等尤もに候」とは「いよいよその方面（大崎少将のいる奥羽）の様子、ますます（奥羽方面の）処置をすることなどについては、当然のことである」という文意になります。

⑦ 

文末の「恐々謹言」は、一般的な書状の書止文言です。「恐れながら謹んで申し上げる」という意で、手紙の結びに記して敬意を表します。

日付は「九月十五日」です。差出人となっている「家康」の花押は、一般的によく知られているものです。

宛先となっている「大崎少将」とは、伊達政宗のことです。伊達政宗は、永禄十年（一五六七）、米沢城主伊達輝宗の長男として誕生しました。母は山形城主最上義守の娘で、幼名を「梵天丸」と言いました。天正五年（一五七七）に元服して藤次郎政宗と称し、天正十二年（一五八四）に家督を相続しています。

天正十八年（一五九〇）には豊臣秀吉に服属し、米沢・伊達など旧領六郡の代わりに大崎・葛西両氏の旧領を与えられ、玉造郡岩出山（宮城県大崎市）に移りました。関ヶ原の戦いののち、家康から刈田郡を与えられて、六十万石（のち六十二万石）を領し、翌年仙台城を修築して、ここへ移ることになります。

「大崎」は、現在の宮城県大崎市にあたる地名で、古くは足利氏一門で奥州探題だった大崎氏の家臣氏家(うじいえ)氏の居城がありました。天正十八年、小田原攻略後の秀吉は、奥州仕置を行います。これにより、旧葛西・大崎領十二郡は木村吉清(よしきよ)・清久(きよひさ)父子の所領となりましたが、検地・刀狩りなどへの不満から一揆が発生することになります（葛西大崎一揆）。この一揆への関与を疑われた政宗は、秀吉から無罪とされるものの、翌十九年に米沢から旧葛西・大崎領に移封されることとなりました。以後、仙台城築城までの十二年間、政宗の居城となり、この時期、政宗は「大崎少将」を名乗ったとされます。

仙台藩編纂の『貞山公治家記録(ていざんこうじけきろく)』によると、家康の許に政宗が派遣していた中間が飛脚となり、当時北目(きため)城（宮城県仙台市太白区）にいた政宗の許にこの書状が届いたのは九月晦日のことで、家康の側近で政宗とも昵懇だった今井宗薫(そうくん)の書状も併せて届けられました。政宗は、この書状と宗薫書状の写を作成し、自らの書状と共に、上杉勢に攻め込まれて山形で苦戦中の伯父最上義光(よしあき)に同日中に急使を発しています。また、山形に加勢として派遣した叔父留守(るす)政景(まさかげ)をはじめとする家臣、上杉方から奪取した白石(しろいし)城（宮城県白石市）を守備していた同じく叔父の石川昭光(あきみつ)・義宗(よしむね)父子、亘理(わたり)城（宮城県亘理町）の片倉景綱(かたくらかげつな)にも書状を送り、この知らせを伝えています。

関ヶ原の戦場から遠く離れた奥羽の徳川方大名にとって、この書状は、味方勝利の貴重な情報源となっていたのです。

〔**釈文**〕

今十五日午刻、於濃州山中及一戦、備前中納言・嶋津・小西・石治部人衆悉討捕候、直ニ佐和山迄、今日着馬候、大柿も今日則捕候、可御心安候、弥其表之様子、弥御仕置等尤候、恐々謹言、

九月十五日　家康（花押）

大崎少将殿

〔**読み下し文**〕

今十五日午の刻、濃州山中において一戦に及び、備前中納言・嶋津・小西・石治部人衆ことごとく討ち捕り候、直ちに佐和山迄、今日着馬候、大柿も今日すなわち捕り候、御心安かるべく候、いよいよその表の様子、いよいよ御仕置等尤もに候、恐々謹言、

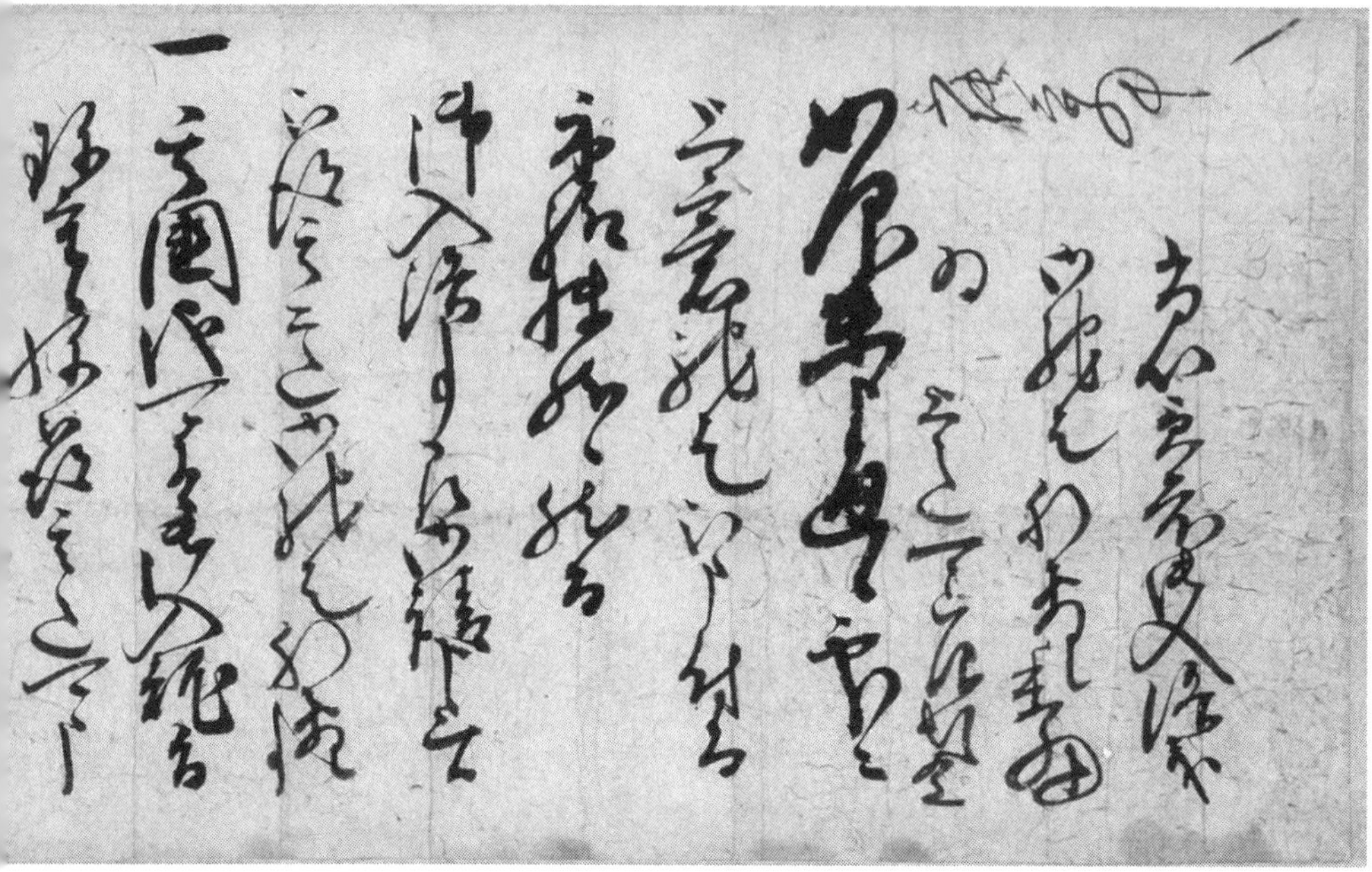

（天正10年）６月12日付け明智光秀書状

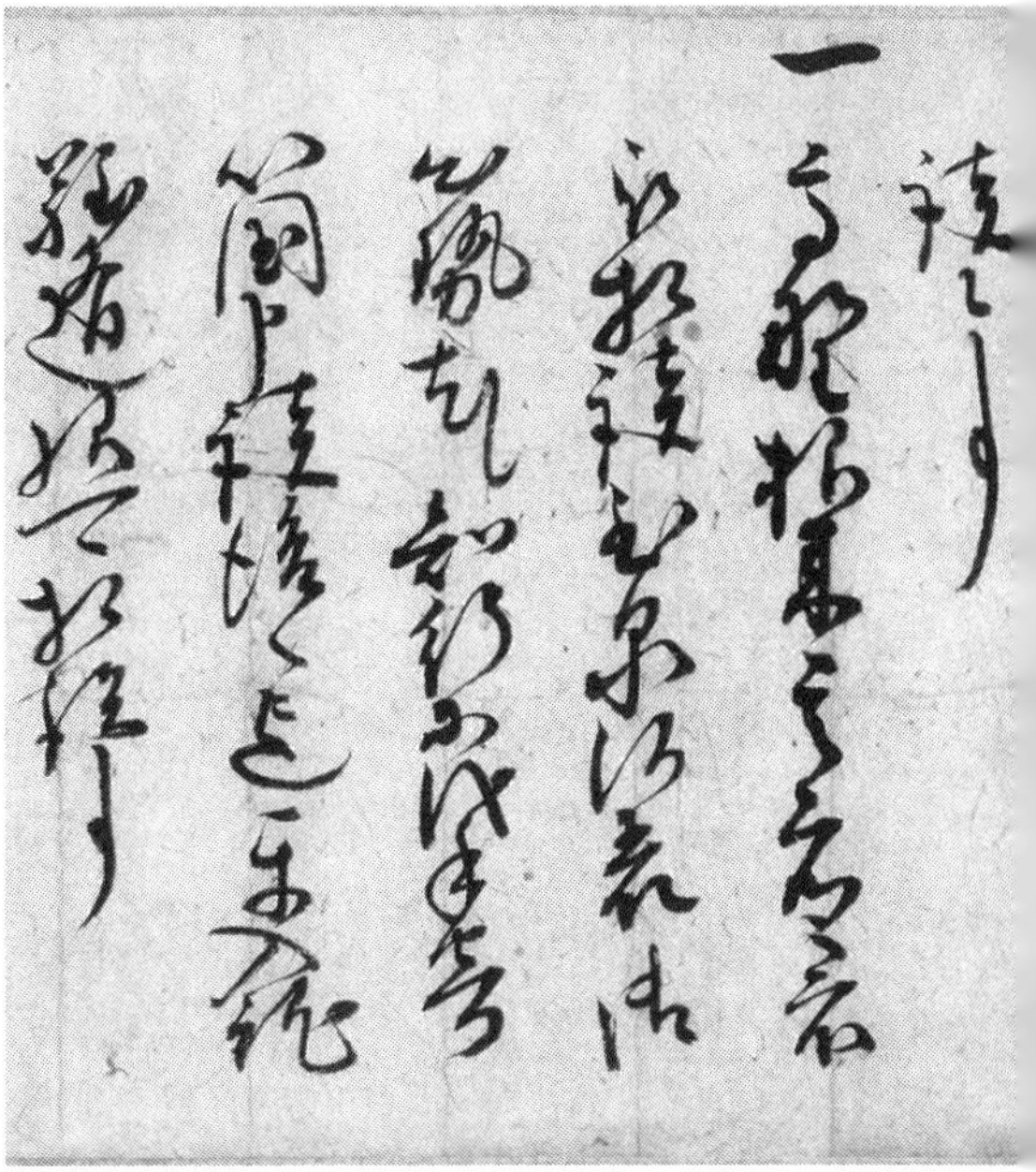

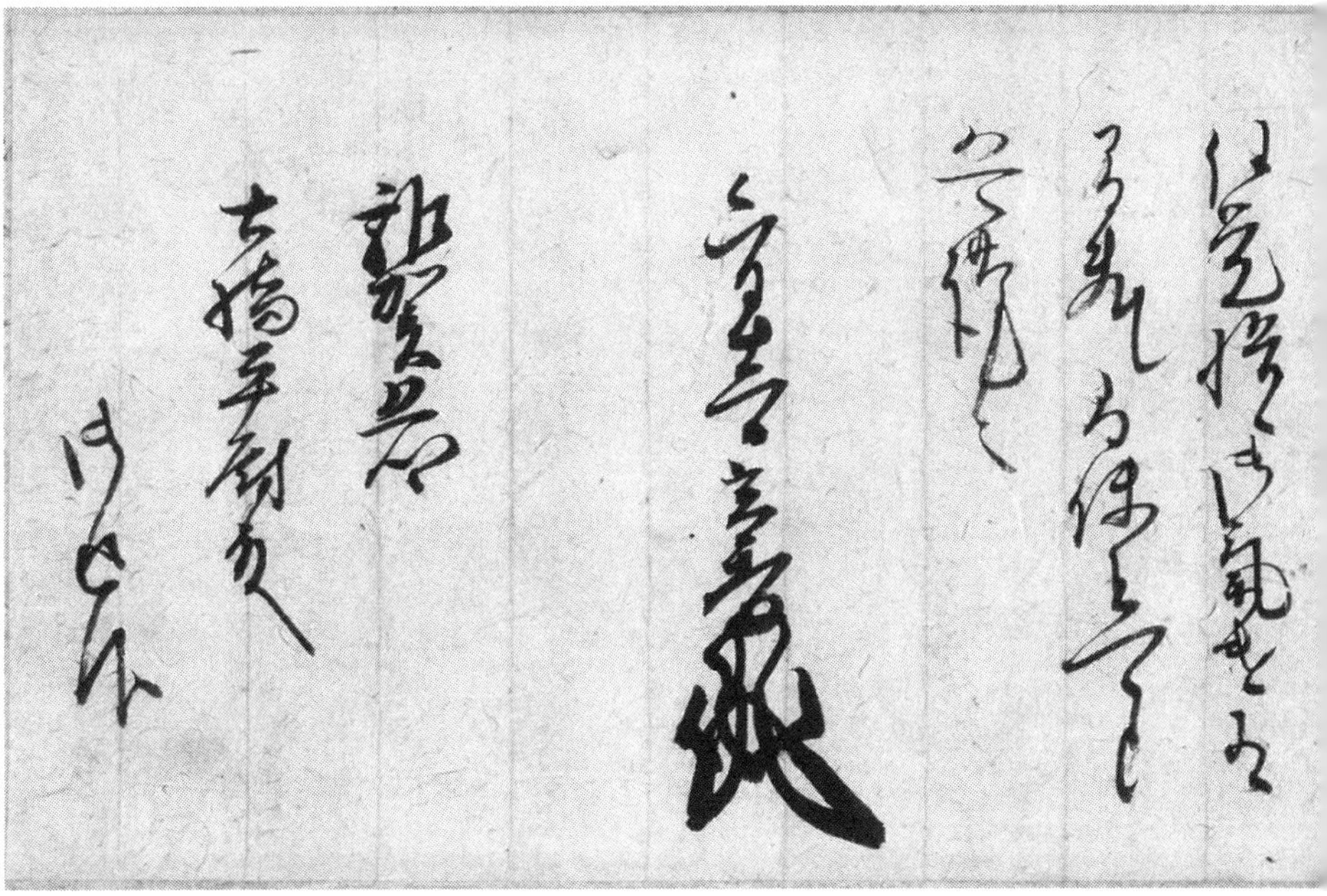

美濃加茂市民ミュージアム所蔵

（天正十年）六月十二日付け明智光秀書状

この書状は、天正十年（一五八二）に比定される明智光秀（あけちみつひで）のものです。宛先は、雑賀衆（さいかしゅう）の一人「土橋平尉（つちばし）」です。土橋氏は、紀伊国を代表する国人（こくじん）で、雑賀衆の中でも大きな地位を占めながら、根来衆（ねごろ）の当主にも一族を送り込むなど、かなりの勢力を有しました。初め、雑賀鈴木氏と共に石山本願寺に協力して、織田信長と敵対、三好氏（みよし）に援軍を送るなどしましたが、天正五年（一五七七）には鈴木氏と共に信長に降伏しました。しかし、織田氏への敵対姿勢を完全には崩さなかった土橋氏は、一時期紀伊に亡命していた将軍足利義昭（あしかがよしあき）に呼応することになり、天正十年六月の本能寺の変を迎えることになります。

①

ここは「如仰未申通候処ニ」と読みます。

「如」は、「ごとく」「ごとし」と読みます。ここでは、下に続く「仰」を読んでから「仰せのごとく」と返って読みます。「仰」は旁のから判読しましょう。

「未」は一字で「いまだ」と読み、多くの場合「いまだ〇〇ず」などと用います。

「申通」は、手紙のやり取りがあることを表す言葉ですが、「未申通」とあるので、

この段階では手紙のやり取りがなかったことがわかります。これまでに手紙のやり取りや使者のやり取りがなかったことを示す決まり文句として、書状の冒頭に用いられます。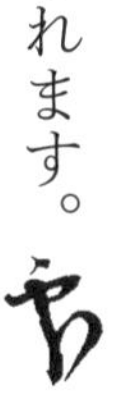「処」は旧字体「處」をくずしたものです。

「如仰未申通候処ニ」、つまり「仰せの如く未だ申し通さず候処に」とは、「（土橋が）仰るように、いまだ手紙のやり取りや使者のやり取りがないところに」という文意になります。

②

ここは「上意馳走被申付而示給快然候」と読みます。

「上意」とは、「主君や支配者の考え」の意で、この書状の差出人である光秀から見て主君にあたる人物の考えを指すことになります。ここでは、室町幕府最後の将軍となった足利義昭を指します。室町幕府は天正元年（一五七三）、信長が義昭を京都から追放したことによって、実質的に滅びます。光秀は、義昭にも仕えていたことがあり、この段階でも光秀にとって義昭は主君であると認識していたことがわかります。「馳走」とは、「食事を出すなどして客をもてなすこと」の意で、転じて「走りまわること、奔走すること」です。「走」は、かなり簡略化して書かれています。「被」には様々なくずし方ありますので、その都度覚えてください。「申付」は、「上の者が下の者に命令する」

の意で、「快然（かいぜん）」とは「心地よいさま、気がかりのないさま」の意です。「示」は、この形が典型例です。カタカナ「ネ」の元の漢字なので、「ネ」のようなくずし字になります。「給」は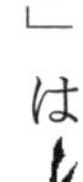が「いとへん」のきれいなくずし字です。「然」が③の「然」と比べると、かなりくずれているために難読でしょうか。

「上意馳走被申付而示給快然候」、つまり「上意馳走申し付けられて示し給い快然に候」とは、「(光秀から見て主君にあたる)足利義昭の考えを受けて土橋が奔走したことは、心地よいことです」という文意になります。

③ 

ここは「然而御入洛事、即御請申上候」と読みます。

「然而」は「しかりて」と読み、前に述べた事柄を受けて、それを肯定・確認してあとに続ける時に用い、「そして、そこで」と訳します。「然而」の後ろが空白で、改行しています。これは「平出（へいしゅつ）」といって、文中に天皇や高貴な人の名前・称号などを書く際に、敬意を表すためにその文字から行を改めて、前の行と同じ高さに書き出すことです。次の行を見ると「御入洛（じゅらく）」。「入洛」とは「地方から京都へ入ること」ですが、これに「御」が付いています。光秀にとって、「御」を用いて敬意を払わなければならない人物が入洛する、

と読み取る必要があります。それゆえ、入洛するのは足利義昭となりますが、信長によって京都を追われた義昭は当時、毛利輝元（もうりてるもと）の勢力下だった備後国鞆（とも）（広島県福山市）に移っていました。「即」は「すなわち」と読みますが、このくずし方は慣れないと難読かもしれません。

「然而御入洛事、即御請申上候」、つまり「然りて御入洛の事、すなわち御請け申し上げ候」とは、「そして、（足利義昭様が）入洛することについて、確かに承りました」という文意になります。

④ 

ここは「被得其意、御馳走肝要候事」と読みます。「得其意」は、決まり文句で「そのいをえ」と読みます。「その考えを踏まえて」と意訳するのがよいでしょう。「得」、「其」、「意」は、初級編に何度も出てきましたが、もう大丈夫でしょうか。「御馳走」は、いわゆる「ぜいたくな料理。豪華な食事」のことではなく、前述した「走りまわること、奔走すること」の意です。ここでの「肝要」は難読です。「肝要」は「非常に大切なこと、最も必要なこと」の意で、「簡要」とも書きます。が典型的な「にくづき」のくずし字です。「事」

が紙面に収まり切らなかったためか、「要候」の左脇に書かれています。

「被得其意、御馳走肝要候事」、つまり「その意を得られ、御馳走肝要に候事」とは、「その考えを踏まえられて、奔走するのが大切なことです」という文意になります。

⑤

ここは「一、其国儀可有御入魂旨、珍重候」と読みます。

「其国」は、「そちらの国」「あなたの国」で、宛先の土橋の居所である紀伊国のことです。「儀」、「可」、「有」は、もう目が慣れたでしょうか。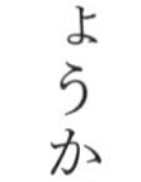「入魂（じっこん）」とは「親しく交際していること、懇意、昵懇」、「珍重（ちんちょう）」とは「めでたいこと、祝うべきこと」の意です。この「珍」は、異体字「珎」をくずしています。

「一、其国儀可有御入魂旨、珍重候」、つまり「ひとつ、その国の儀御入魂あるべきの旨、珍重に候」とは、「あなたの国が（足利義昭様と）親しくしているとのことで、大変めでたいことだ」という文意になります。

⑥

ここは「弥被得其意、可申談候事」と読みます。

は「弥」、再び「被得其意」が出てきました。以降の文字も、すべて初級編で学んだ文字ばかりです。「申談」は「もうしだんず」と読み、「相談する、話し合う」という意味があります。

「弥被得其意、可申談候事」、つまり「いよいよその意を得られ、申し談ずべく候事」とは、「ますますその考えを踏まえられて、話し合うべきこと」という文意になります。

⑦

一、高野・根来・其元之衆被相談、至泉河表御出勢尤候

ここは「一、高野・根来・其元之衆被相談、至泉河表御出勢尤候」と読みます。「高野」は高野山、「根来」は根来衆のことです。「其元」は「そこもと」と読み、「そなた、あなた」の意です。が「々」なのか「之」なのか迷いますが、次の文字が「衆」ですので、「之」と判読します。「被相談」ですが、ここでは「相談」を「そうだん」と読むのではなく、「あいだんず」と読みます。「被相談」で「あいだんぜられ」です。「至」は、「行き着くところ、到達点」を表す返読文字です。「泉」は和泉国（大阪府南部）、「河」は河内国（大阪府東部）、「表」は「方面」、「出勢」は軍勢を出すことです。「尤候」の「候」を、平仮名「し」と誤読しないようにしましょう。

「一、高野・根来・其元之衆被相談、至泉河表御出勢尤候」、つまり「ひとつ、高野・根来・其元の衆相談ぜられ、泉河表に至り御出勢尤もに候」とは、「高野山や根来衆、あなたの衆は相談して河内・和泉国方面へ軍勢を出すのがよいだろう」という文意になります。

⑧

ここは「知行等儀、年寄以国申談」と読みます。

「知行」は、「土地・財産を直接支配し、その用益権を行使すること」の意です。

「等」は、カタカナ「ホ」に似た異体字のくずしが一般的ですが、ここでは「尓」という漢字のくずし方と似ているため難読です。「儀」もかなり省略して書かれています。

「年寄」は、ここでは政務をあずかる重臣のことです。

「知行等儀、年寄以国申談」、つまり「知行等の儀、年寄国を以て申し談じ」とは、「知行などのことは、年寄が相談し」という文意になります。

⑨

ここは「後々迄互入魂、難遁様可相談事」と読みます。

「後」の次に書かれたが「々」「之」「候」のいずれかで迷いますが、続く文字が

「迄」なので、「々」とします。「互」は、楷書体と形が異なりますので、形ごと覚えるしかありません。「難」は、ここでは「がたし」と読む返読文字で、「容易に○○できない。○○しにくい」と訳します。「遁」は「のがれる」と読みます。「様」にはたくさんのくずし方がありますので、その都度覚えるようにしましょう。

「後々迄互入魂、難遁様可相談事」、つまり「後々迄互いに入魂、遁れがたき様相談ずべき事」とは、「後々まで互いに親しくして、離れないよう相談すべきこと」という文意になります。

⑩

ここは「一、江州・濃州悉平均申付、任覚悟候」と読みます。

「江州」は近江国（滋賀県）、「濃州」は美濃国（岐阜県）のことで、本能寺の変が起こるまでは信長の支配地域でした。「悉」は一字で「ことごとく」と読みます。「したごころ」を判読の手掛かりにしてください。「平均」は「安定した状態にすること。平和であること。穏やかなこと」の意で、ここでは安定した状態に統治することです。「覚悟」を先に読んでから「任」に返って「覚悟に任せ」と読みます。

「任」は、旁の「壬」がかなり省略して書かれています。

「一、江州・濃州悉平均申付、任覚悟候」、つまり「ひとつ、江州・濃州ことごとく平均に

申し付け、覚悟に任せ候」とは、「近江・美濃国については、ことごとく統治した状態にするよう命じており、（自身も）その心構えをしている」という文意になります。

⑪

ここは「御気遣有問敷候、尚使者可申候、恐々謹言」と読みます。「気」は旧字体「氣」のくずし字です。「遣」は何度も見てきましたが、もう覚えましたか。「有問敷」の「敷」から続く「候」をしっかり読みましょう。

この「尚」は難読で、同義語として「猶」があります。「者」もかなり難読ですが、「使」の熟語と考えて「者」を導き出しましょう。「可申候」のような慣用的な表現は、三字が一体となってくずれますので、たくさんの古文書を読んで身につけるしかありません。最後は、本書ではお馴染みの「恐々謹言」です。

「御気遣有問敷候、尚使者可申候、恐々謹言」、つまり「御気遣いあるまじく候、なお使者申すべく候、恐々謹言」とは、「（あなたに）お気遣いいただくことはありません。なお詳しいことは、（私の）使者が申します。恐々謹言」という文意になります。

ここまで読み終えたら、冒頭の小さな文字で書かれている部分を読んでいきます。この部分は、「追而書」「尚々書」などと言い、いわゆる追伸にあたります。

⑫

ここは「尚以急度御入洛義、御馳走肝要候」と読みます。⑪で見た「尚」よりも、こちらの「尚」のほうが読みやすいです。「急度」が難読かもしれません。「御入洛」、「御馳走」、「肝要」とも、すでに見てきた形と同じです。

「尚以急度御入洛義、御馳走肝要候」、つまり「なお以て急度御入洛の義、御馳走肝要に候」とは、「なおのこと、必ず（足利義昭様が）ご入洛することについて、奔走するのが大切です」という文意になります。

⑬

ここは「委細為　上意可被仰出候条、不能巨細候」と読みます。「委」は上部の「禾」が見えます。「細」は独特の形をしていますが、これが典型例で、「委細」という熟語が頻出します。が「いとへん」です。「上意」の上の空白は欠字で、「為」に返って「上意として」と読みます。「可被仰出候」を読むには、かなりの練度が必要で、「条」も相当難読です。

続きを書ききれなくなったため、上部の余白に、しかも文字を横向きにして加筆しています。「巨細」を先に読み、「能」、「不」と返って読みます。「不能巨細」で「こさいにあたわず」です。の部分がなんと「候」になります。

「委細為　上意可被仰出候条、不能巨細候」、つまり「委細は上意として仰せ出され候条、巨細にあたわず候」とは、「詳しくは（足利義昭様が）上意として仰せになるはずですので、（ここでは）詳細を省きます」という文意になります。

最後に、日付は「六月十二日」で、本能寺の変から十日ほど経過しています。十三日が山崎の戦いですので、その前日です。差出人は「光秀（花押）」、宛名は「雑賀五郷」、「土橋平尉殿」です。脇付として「御返報」と書かれています。先に「土橋平尉」が光秀に宛てて書状を出しており、それに対する土橋への「返報」が、この書状だと考えてください。

〔**釈文**〕

尚以急度御入洛義、」御馳走肝要候、委細」為　上意可被仰出候条、」不能
巨細候、」

如仰未申通候処ニ、」上意馳走被申付而」示給快然候、然而」御上洛事、即御
請申上候、」被得其意、御馳走肝要候事、」
一、其国儀可有御入魂旨、」珍重候、弥被得其意、可申」談候事、
一、高野・根来・其元之衆」被相談、至泉河表御」出勢尤候、知行等儀、年寄」以
国申談、後々迄互入魂、」難遁様可相談事、」
一、江州・濃州悉平均申付、」任覚悟候、御気遣有」間敷候、尚使者可申候、」恐々
謹言、」

六月十二日　光秀（花押）

雑賀五郷
土橋平尉殿
御返報

〔**読み下し文**〕

なお以て急度御入洛の義、御馳走肝要に候、委細は上意として仰せ出され候条、巨細にあたわず候、

仰せの如く未だ申し通さず候処に、上意馳走申し付けられて示し給い快然に候、然りて

御入洛の事、すなわち御請け申し上げ候、その意を得られ、御馳走肝要に候事、

一、その国の儀御入魂あるべきの旨、珍重に候、いよいよその意を得られ、申し談ずべく候事、

一、高野・根来・其元の衆相談ぜられ、泉河表に至り御出勢尤もに候、知行等の儀、年寄国を以て申し談じ、後々迄互いに入魂遁れがたき様相談ずべき事、

一、江州・濃州ことごとく平均に申し付け、覚悟に任せ候、御気遣いあるまじく候、なお使者申すべく候、恐々謹言、

実は、この光秀の書状には包紙が残っていますので、以下に当該の写真を掲げます。

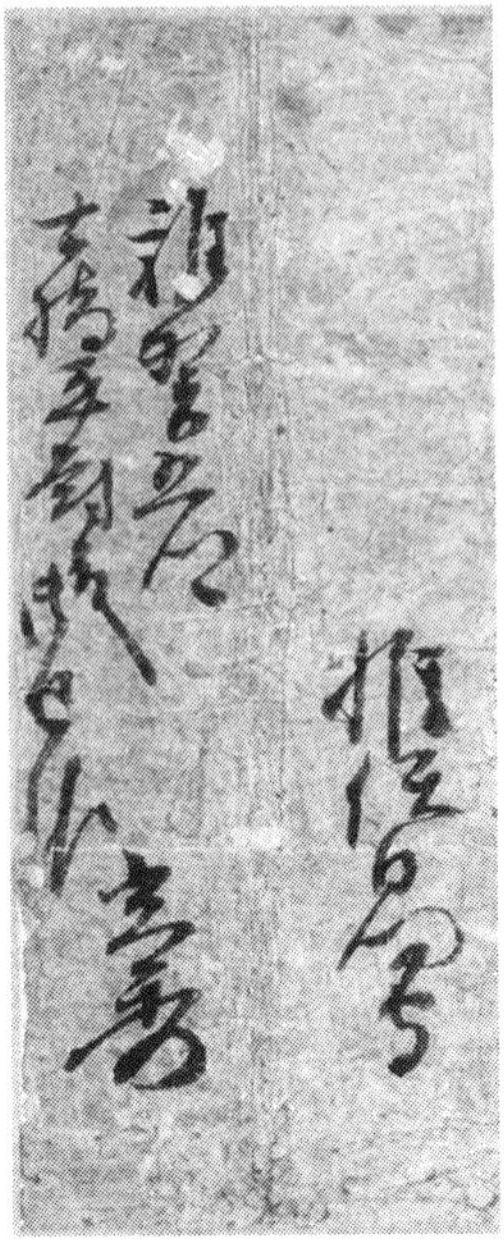

包紙には、次のように書かれています。

「　惟任日向守
　　　　光秀
雑賀五郷
土橋平尉殿
　　御返報　」

上級編

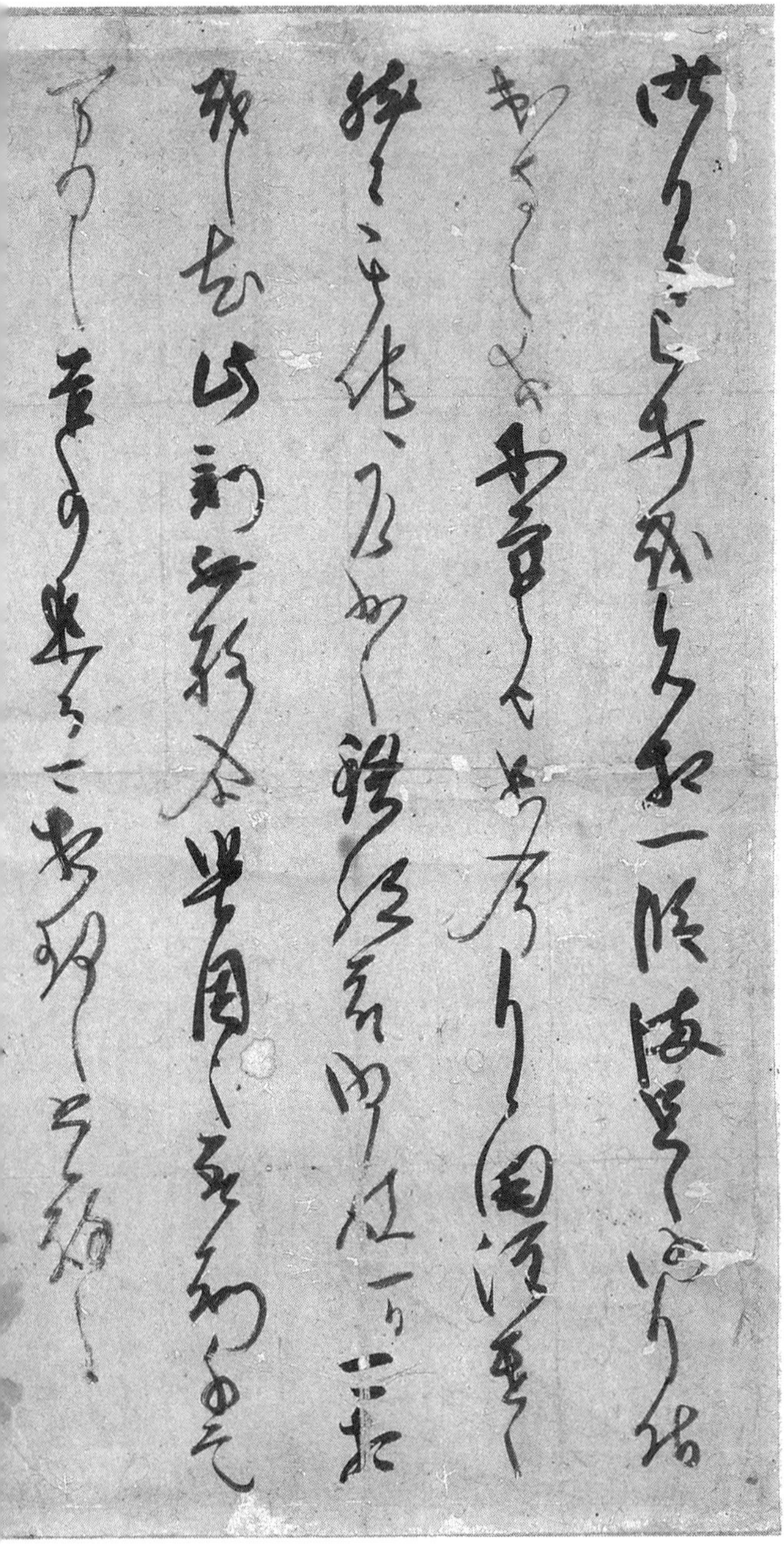

（天正17年）５月29日付け伊達政宗書状

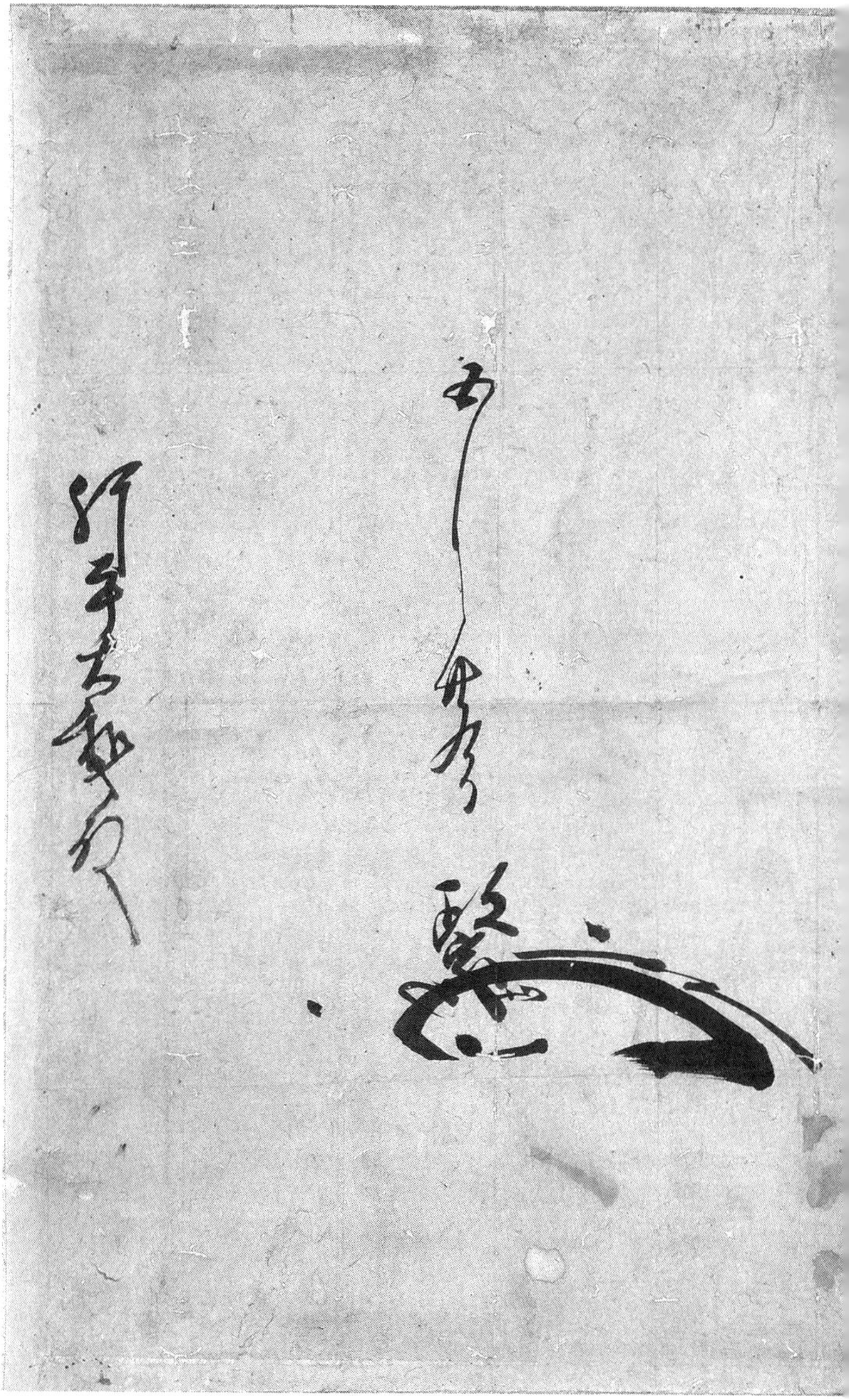

国立歴史民俗博物館所蔵

〔天正十七年〕五月二十九日付け伊達政宗書状

この書状は天正十七年（一五八九）に比定される伊達政宗のもので、宛先はこの書状の三ヶ月ほど前に政宗のもとへ帰順した片平親綱です。政宗は輝宗の子として誕生し、天正年間は蘆名氏との戦いを進めていました。この書状は蘆名氏を滅ぼした摺上原の戦い（福島県磐梯町・猪苗代町）の直後に書かれています。この戦いで蘆名氏の旧領を手にし、最大版図を築いた政宗でしたが、豊臣秀吉の奥州仕置で蘆名氏の旧領は改易され、そこには蒲生氏郷が入ることになります。

親綱は田村氏に仕えた大内義綱の子で、定綱の弟です。定綱と共に田村・蘆名・伊達氏に仕えました。天正十六年（一五八八）から伊達成実の仲介で蘆名氏から伊達氏に帰参し、摺上原の戦いで活躍します。この書状は摺上原の戦い直後に出されたものです。

この書状の特徴は、東国大名によく見られる正方形に近い紙を使用している点です。初級編・中級編に収録した、長方形の紙を横長にして使う西国大名の書状と見比べていただければ、東国大名の紙の特徴がおわかりいただけると思います。

①

ここは「昨日者被打越見相、一段満足候」と読みます。「昨日者」の「昨」の旁が、一般的な「乍」のくずし字とはかなり異なっており、慣れないと戸惑いますが、この形をしっかりと覚えてください。「者」の部分は虫食いのために極めて判読しづらいですが、残された部分と文脈から判断します。

「被打越見相」の「被」は、初級編・中級編に何度も出てきましたが、もう慣れたでしょうか。「打越」は「打ち越ゆ」で、「被」に返って読むため「打ち越えられ」となります。「越」の「そうにょう」は難しく感じますが、この形を覚えるようにしてください。「見相」は、それほど難しい字ではありません。「見相」は「見合」と同義で、「顔を見せる」「面会する」という意味です。ここでは、「お出でになってお顔を見ること」という訳文になります。

「一段満足候」の部分は、慣れていれば比較的簡単なくずし字が続きますが、「満」の旁が「両」のくずし字に酷似していることと、この「段」が典型的なくずし字であることを覚えておけばよいでしょう。「足」もそれほどくずされてはいません。「候」は、この文書ではすべて同じ形になっています。

「昨日者被打越見相、一段満足候」、つまり「昨日は打ち越えられ見相、一段満足に候」とは、「昨日はお越しいただき、お会いできて、一段と満足でした」という文意になります。

②

ここは「仍自佐出馬之義、必亭之由」と読みます。「仍自佐」ですが、「仍」はもう大丈夫でしょうか。「自」は、上に返って「〇〇より」と読むことを覚えていますか。「佐」は、ここでは佐竹義重のことを指しています。摺上原の戦いで政宗と戦った蘆名義広は佐竹義重の次男で、生母は政宗の叔母です。蘆名氏の最盛期を築いた蘆名止々斎（盛氏）の死後、後継者争いの末に義重の次男が迎えられましたが、政宗の積極的な所領拡大策の中で、蘆名氏や佐竹氏と対立し、摺上原の戦いに至ります。この戦いで蘆名氏は崩壊し、義広は佐竹氏に逃走しました。

「出馬之義」ですが、「佐より」から続けると、政宗が義重の出馬を警戒していることがわかります。実際には、蘆名氏崩壊で奥州南部の諸大名が伊達氏側に寝返り、北条氏直と政宗に挟まれた義重に、その余力はありませんでした。ここではが「出」であること、「馬」の形、「義」のくずし字は、少し慣れてきていれば読めたはずです。特に「義」は、「にんべん」の付いた「儀」と同様、「〇〇之義（儀）」という表現

で古文書に頻出します。は「必亭之由」ですが、「必」がの形になるのは、普段から古文書に親しんでいる方でも戸惑うかもしれません。「必」は様々な形にくずれますので、注意が必要です。次の「亭」ですが、正しくは「必定」と「定」の字を使うのが一般的です。しかし、ここでは音が似ている「亭」の字を借りています。「仍自佐出馬之義、必亭之由」、つまり「仍て佐より出馬の義、必亭（必定）の由」とは、「そこで佐竹義重が出陣するということは、必定の情勢であるということを」という文意になります。

③ 

ここは「只今自田注進候」と読みます。「只今」の「只」は下の部分が虫食いで消えていますが、上部の「口」がはっきりと見え、かつ「今」の字が続いていることで、「只今」と読めるでしょう。「自田」は、②の「自佐」と同じ「自」が書かれています。したがって、ここは「田より」と読みます。「田」とは田村宗顕（たむらむねあき）のことで、陸奥国三春城（みはる）（福島県三春町）を中心に勢力を張っていました。田村清顕（きよあき）が嗣子（しし）なく死去したのち、相馬義胤（そうまよしたね）と政宗の間で田

村氏の後継をめぐる戦いが起こり、政宗の勝利の末に、弟氏顕(うじあき)の子宗顕が継承しました。なお、清顕の娘愛姫(めごひめ)は政宗の正室で、清顕自身は政宗と愛姫の間の子に田村氏を継いでもらうことを望んでいたので、宗顕は暫定的な田村氏家督ということになります。この段階では、事実上伊達一門に取り込まれていました。

「注進候」の「進」が「遣」に似ているのですが、この場合は、より意味の通るほうを採用することになります。「注遣」と「注進」と、どちらがこの場合の文脈に合うか、ということで考えると、この場合は佐竹義重の動きを田村宗顕が報告している、というほうが可能性が高いので「注進」を採用します。

「只今自田注進候」、つまり「ただいま田より注進候」とは「ただいま田村宗顕より注進がありました」という文意になります。

④ 

ここは「然者、其地へ乍少々鉄放衆」と読みます。

「然者」は、「然」が典型例です。「者」は①にもありましたが、①では虫食いのために見えづらかった「者」が、ここでは完璧な形で見えます。「然者」は「しからば」もしくは「しかれば」と読み、「しからば」の場合は仮定条件で「そうであるならば」

という意味に、「しかれば」の場合は確定条件で「そうである以上は」となります。この場合、田村宗顕からの報告があった、という確定条件を受けているので、「しかれば」と読みます。「其地へ」ですが、「其」はもう読めるでしょうか。「地」は「つちへん」と上の「其」が繋がっているため、「にんべん」に見えるかもしれませんが、「其他へ」では意味が通じないので「其地」と考えます。旁の「也」のほうは非常にわかりやすい形です。次の「へ」は、ただの点のようにも見えてわかりにくいと思います。文脈と文字の形から判断するほかはないでしょう。

「乍少々」ですが、「乍」は「乍〇〇」の形で下から返って「〇〇ながら」と読みます。「乍」にはいくつかのくずし方がありますが、はその一つですので、覚えてしまいましょう。「少々」は、「少」が「如」のくずし字に近い形となっており、「々」も「之」に見えますが、「乍如之」という文言だとおかしいため、文脈から「少々」を導き出すしかありません。

「鉄放衆」は、「鉄」の「かねへん」がきれいに書かれています。これが「かねへん」であることを理解していれば、簡単に読めるでしょう。本書で繰り返し述べている通り、主要な部首のくずし方はどんどん覚えていくようにしましょう。の場合は、「金」に「失」ですので、「鉄」と読めます。「鉄」には「鐡」「銕」などの旧字・

異体字がありますが、多いのは「鉄」のくずし字です。次の「放」は、正しくは「砲」のはずですが、「炮」や「放」も見かけます。「炮」は意味的にも合っていますが、「放」は当て字になります。「衆」ですが、楷書体と形が異なる上によく出てきますので、形ごと覚えてしまいましょう。

「然者、其地へ午少々鉄放衆」、つまり「然れば、その地へ少々ながら鉄放衆」とは「そういうことなので、少々ではあるが鉄砲衆を」という文意になります。

⑤

ここは「明後一日可相越候」と読みます。

「明後」は、どちらも難読です。まず「明」ですが、手掛かりになるのは①で見た「昨」と同じような「ひへん」が書かれている点です。「後」は、部首の一部が破損していますが、「ぎょうにんべん」であることに気づけないと、難しいかもしれません。「一日」は、右に少し小さく書かれています。これは「明後」の注釈の役割を果たしています。この書状の発給日である五月二十九日の「明後日」にあたる六月一日を示しているのです。つまり、この一連の部分は「明後日の一日に」ということを表現しています。

「可相越候」ですが、若干破損があり、「後」と「可相」の真ん中が欠けています。それゆえ、破損個所に墨を補えば、それほど難しくない「可相」が読み取れるはずです。「可」は下から返って「〇〇べし」と読む、推量・意思・命令などを表す助動詞で、「〇〇はずだ」「〇〇するつもりだ」「〇〇するべきだ」「〇〇せよ」などの意味があります。この場合は、下の「相越」を受けて「相越すだろう」という推量の意味で使われています。「越」は、①で見た「越」と同じ形です。

「明後一日可相越候」、つまり「明後一日に相越すべく候」とは「明後、つまり一日には来るでしょう」という文意になります。

⑥ 

ここは「尤此刻無聊尓」と読みます。

「尤」と「此」は、もう大丈夫でしょうか。「此刻」は「このきざみ」と読みます。「刻」は部首の「りっとう」から判読しましょう。「無聊尓」ですが、いずれも難読です。「無」は墨が潰れていて、運筆がわかりづらくなっています。「聊尓」の「尓」は、「爾」の異体字です。「聊爾」は「りょうじ」と読み、「不躾で失礼なこと」という意味があります。ここでは「粗略

に扱う」という感じになるでしょう。「聊」は「みみへん」をしっかり判読してください。くずし字辞典を引く時には、部首がわかるだけでもかなり助かります。次のはあまり見かけないくずし方で、上部が「𠆢」のようになっている異体字をくずしていますので、特に連想しづらいです。本書で取り上げた様々な古文書には、いくつもの異体字が出てきましたので、少しずつ気長に覚えていきましょう。

「尤此刻無聊尓」、つまり「尤もこの刻みに聊爾なく」とは、「とりわけ、この時節に粗略なことをせず」という文意になります。

⑦ 

ここは「堅固之取刷、千言万句候」と読みます。「堅固之」の「堅」は、典型的な形をしています。「固」も比較的わかりやすいでしょう。

次の「取刷」ですが、「取」の典型的なくずし字がですので、しっかりと覚えてください。問題は「刷」です。右側には⑥で見た「刻」と同じ「りっとう」が見えますが、手掛かりはそれだけです。この字自体を一般的な古文書で見かけることがあまりありません。なおかつ、この文脈で出てくることもよくわからない、という読者

も多いかと思います。実は、この「刷」は東国の戦国時代にはよく使われていた言葉で、「つくろう」と読みます。「取刷」で「とりつくろう」と読み、「扱う」「対処する」といった意味を表します。この場合、東国地域の戦国時代の言葉である「取り刷う」という言葉を知らないと、まず読めないでしょう。古文書を解読するには、くずし字の勉強をしているだけでは無理で、語句の意味、さらにはその背景となる歴史などを総合的に勉強する必要があるのです。

「千言万句候」の「千言万句」は決まり文句で、「非常に数多くの言葉」という意味です。ここでは、前文からの繋がりを考えれば、「千言万句の重みがある」というくらいの意味になると思います。「言」のくずし字が少しわかりにくいかもしれませんが、「千」との熟語と考えて判読してください。

「堅固之取刷、千言万句候」、つまり「堅固の取りつくろい、千言万句に候」とは、「堅固な関係は、千言万句の重みがあります」という文意になります。

⑧

ここは「吉事追而可相理候、恐々謹言」と読みます。

「吉事」も「追而」も、どちらも読めそうです。

続く「可相理候」ですが、「可」と「相」はもう大丈夫でしょう。問題は「理」ですが、「おうへん」が見分けられれば「理」にたどり着けます。旁のが「里」に見えないため、部首を手掛かりに判読してください。こういう一見難しい字を解読するには、漢字を構成するそれぞれのくずし字の形を覚えておくことが重要になります。この「理」は、上に「可」があることを考えれば、動詞と考えるべきです。「理」には「ことわる」と読んで「訴え出る」「届け出る」「知らせる」などの意味がありますが、前文を受けて考えると、「知らせる」という意味が一番しっくりきます。

最後の「恐々謹言」は、本書ではお馴染みの文言です。「吉事追而可相理候、恐々謹言」、つまり「吉事は追ってあい理るべく候、恐々謹言」とは、「よい報告は追って知らせることができるでしょう、恐々謹言」という文意になります。

日付は「五月廿九日」、差出人は「政宗」（花押）、宛名は「片平大和守殿」です。政宗の花押は、セキレイという鳥を模した独特の花押が有名で、この形も年ごとに少しずつ変えています。なお、慶長年間（一五九六―一六一五）以降は、家臣向けの花押には円型の「洞判」という花押を使うようになります。

〔**釈文**〕

昨日者被打越見相、一段満足候、仍自佐」出馬之義、必亭之由、只今自田注進候、」
然者、其地へ乍少々鉄放衆、明後一日可相」越候、尤此刻無聊尓、堅固之取刷、千
言」万句候、吉事追而可相理候、恐々謹言、」

五月廿九日　政宗（花押）

片平大和守殿

〔**読み下し文**〕

昨日は打ち越えられ見相、一段満足に候、仍て佐より出馬の義、必亭の由、ただいま田より注進に候、然れば、その地へ少々ながら鉄放衆、明後一日に相越すべく候、尤もこの刻みに聊爾なく、堅固の取りつくろい、千言万句に候、吉事は追って相理るべく候、恐々謹言、

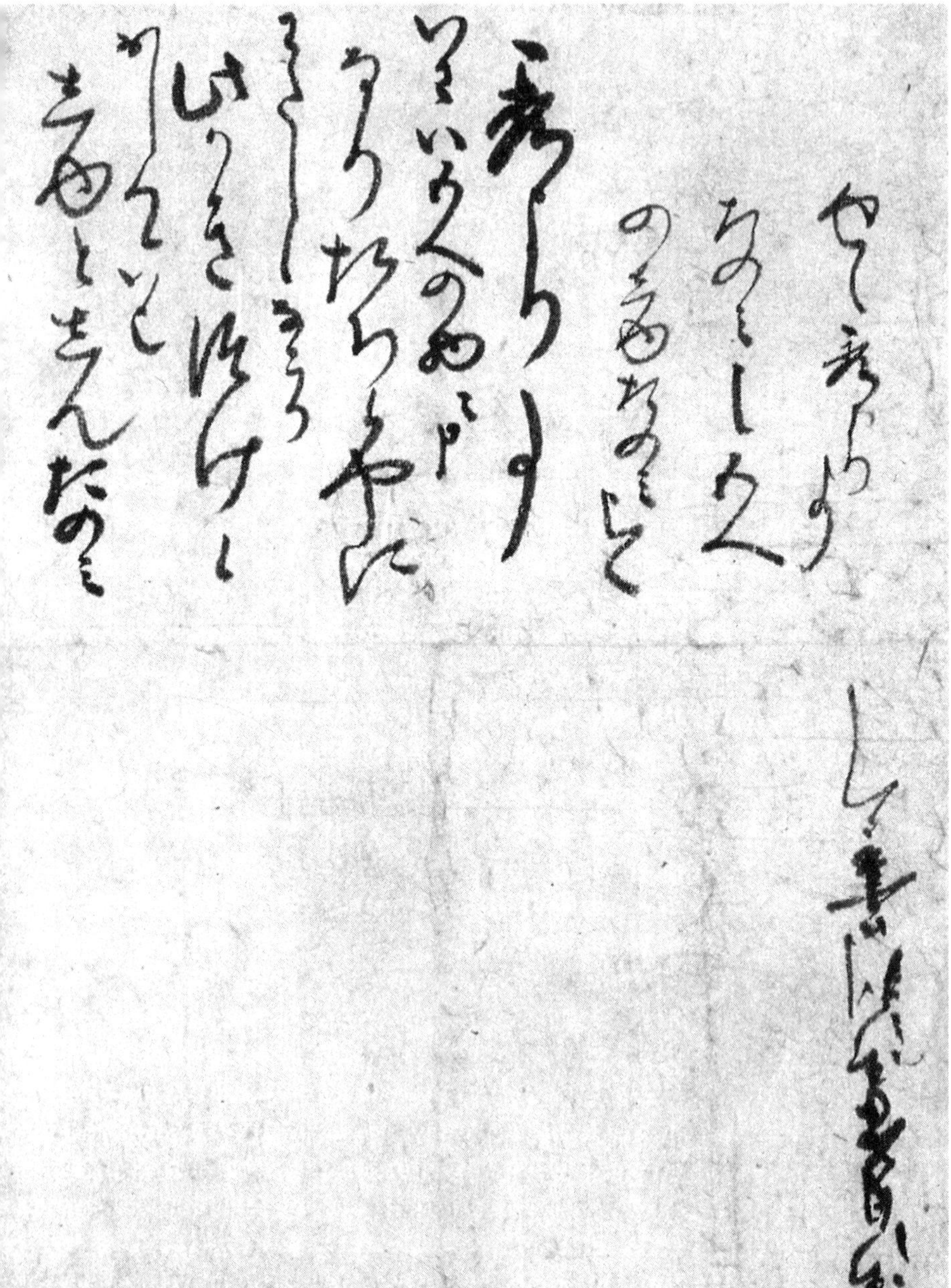

（慶長３年）８月５日付け豊臣秀吉遺言状写

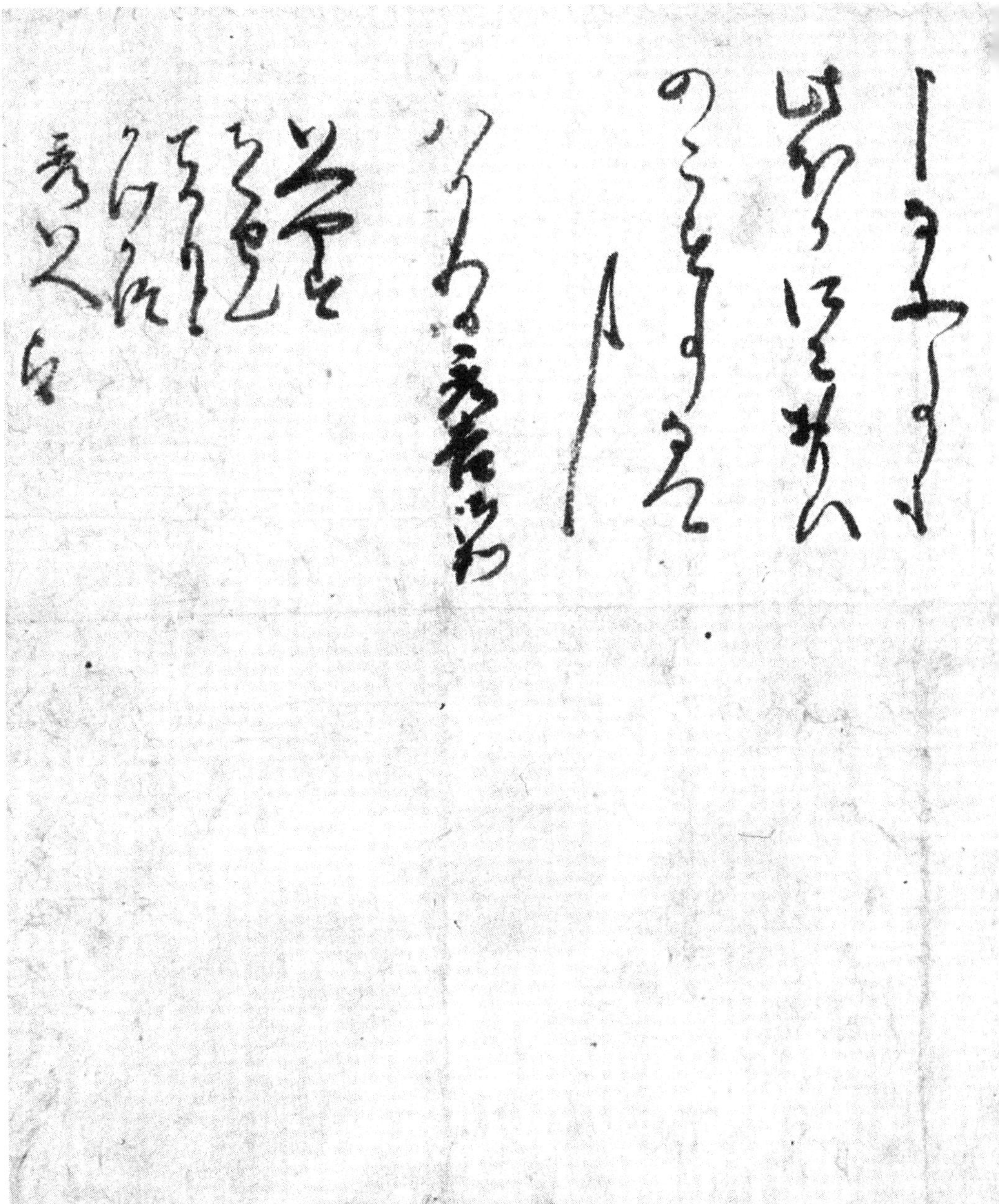

毛利博物館所蔵

（慶長三年）八月五日付け豊臣秀吉遺言状写

これは、豊臣秀吉が徳川家康・前田利家（まえだとしいえ）・毛利輝元（もうりてるもと）・上杉景勝（うえすぎかげかつ）・宇喜多秀家（うきたひでいえ）に宛てた遺言状です。古文書の形式としては、折紙（おりがみ）の書状になりますが、内容から見て遺言状と言えるでしょう。また、秀吉は慶長三年（一五九八）八月十八日に死歿しますので、この遺言状は慶長三年に比定されます。

宛先の五人は、いわゆる豊臣政権の五大老（ごたいろう）と呼ばれる人々です。五大老については、豊臣政権の最高幹部にあたり、国政レベルの政務を担当しました。史料上の表記が「五奉行」「五人衆」となっているなど、研究上で様々な見解があります。前田利家のみ実名（じつみょう）ではなく、「ちくせん（筑前）」と表記されているのは、織田信長の配下だった頃からの交友関係を示しているのでしょうか。

なお、この遺言状は、字の大きい部分が本文で、小さい字で書かれている最初の三行と本文の行間にある三ヶ所の文字列は追而書（おってがき）、つまり現在の手紙でいう追伸になります。そのため、最初に「秀より事」の部分から読み、日付↓差出人↓宛先の順番に読んでから、追而書である最初の三行と本文の行間にある三ヶ所の文字列を読みます。

また、この遺言状は全体的に平仮名が多く用いられているため、文字を続けて書くことが多く、そのため文字のくずし方も、原形とはだいぶかけ離れた形になっています。平仮名書きの古文書を読む時には、文字のくずし方と単語や意味の区切れに注意して読みましょう。

①

ここは「秀より事、なりたち候やうに、此かきつけ候」と読みます。

まず「秀より」とは、秀吉の息子である豊臣秀頼（ひでより）のことです。当時はまだ五歳でした。「よ」は漢字の「与」、「り」は「利」がくずれた形です。「よ」は単なる縦線に見え、「り」は左右が繋がっています。「事」は、初級編・中級編で何度も見た形です。このあとにも、同じ形が三回出てきます。

は「なりたち」ですが、漢字を充てれば「成立」です。初出の「な」は「奈」、「た」は「太」、「ち」は「知」がくずれた形です。・は、どちらも「候」ですが、もう読めるでしょうか。

続けて「や」は「也」、「う」は「宇」、「に」は「仁」がくずれた形です。ここでは「やう」が難読で、「や」の縦線と「う」が一体化してしまいました。「やう」は旧仮名遣いですので、現代仮名遣いに直すと「よう」、漢字を充てると「様」です。

「此」は、もうお馴染みの漢字になったでしょうか。初出の「か」は「可」、

「き」は「幾」、「つ」は「徒」、「け」は「計」がくずれた形です。ここでは楷書体と大きく異なる「か」と「つ」が難読ですが、形ごと覚えてしまいましょう。

「秀より事、なりたち候やうに、此かきつけ候」、つまり「秀頼の事、成り立ち候ように、この書き付け候」とは、「秀頼の事については、（豊臣家の当主として）一人前になるように、この遺言状を書き付けました」という文意になります。

②

ここは「しゅとして、たのミ申候」と読みます。

「し」は「志」、「ゆ」は「由」がくずれた形です。が難読ですが、古文書では「志」をくずした「し」がよく見られます。「と」は「止」、は一見「ん」に見えますが、上の文字が「しゅとし」ですので、「しゅとしん」と読むと文章になりません。それゆえ、ここは「て」と読みます。「天」がくずれた形です。「たのミ」は、ほぼ原形のままです。「の」は「乃」、カタカナの「ミ」は、「三」がくずれたものですが、漢字の送り仮名として古文書にはよく出てきます。

「しゅ」は、本来ならば「しゅう（衆）」と書くのですが、「ゆ」の母音である「う」と一

体化してしまったために、「う」の字は省略されたと考えられます。平仮名は表音文字ですので、もしかしたら実際に読む時には、きちんと「う」と発声しているのかもしれません。

「中候」は、これまでに何度も見てきた形です。

「しゅとして、たのミ中候」、つまり「衆として、頼み申し候」というのは、「（豊臣政権の最高幹部である五人の）衆として、（秀頼のことを）お頼みいたします」という文意になります。「衆」は、ここでは宛先の五人を指します。

③

ここは「なに事も、此ほかにわ、おもひのこす事なく候、かしく」と読みます。

「な」、「事」、「此」、「か」、「に」、「の」、「候」は、①・②で出てきたものと同じです。初出である、「に」は「尓」、「ほ」は「本」、「わ」は「王」、「お」は「於」、・「も」は「毛」、「ひ」は「比」、「す」は「春」、「く」は「久」がくずれた形です。難読なのは「に＝尓」、「ほ＝本」、「わ＝王」、・「も＝毛」、「す＝春」の五文字でしょうか。平仮名（変体仮名）は、数をこなして形を丸ごと覚えるしか、上達の方法がありません。

初級編と中級編では、偏や旁など部首の話をたくさんしてきましたが、平仮名にはそれが通用しないためです。

「かしく」は、平仮名の書状を書く時の書止文言です。この形が定型で、必ず文末に来ますので、ぜひ覚えておきましょう。

「なに事も、此ほかにわ、おもひのこす事なく候、かしく」、つまり「何事も、このほかには、思い残す事なく候、かしく」とは、「何事もこれ以外に思い残すことはありません。かしく」という文意になります。

④ 

④以降は追而書の部分になりますが、ここは「返々、秀より事、たのミ申候」と読みます。

「返々」は、「かえすがえす」と読み、「重ね重ね」という意味で、追而書の最初に用いられる言葉の一つです。「返」は、「しんにょう」と「反」が丸まったくずし方になっています。「々」は、一見すると「之」や「候」のくずし字と似ているので注意しましょう。

「秀より事、たのミ申候」のくずし字は、本文①〜③と同じ形です。この追而書は、本文で書いたことを繰り返し書いています。そこからは、病床にあって死期が近い秀吉の唯一の気がかりが、幼い秀頼の行末だったことがわかるのです。

「返々、秀より事、たのミ申候」、つまり「返す返す、秀頼の事、頼み申し候」とは、「重ね重ね、秀頼の事をお頼みいたします」という文意になります。

⑤

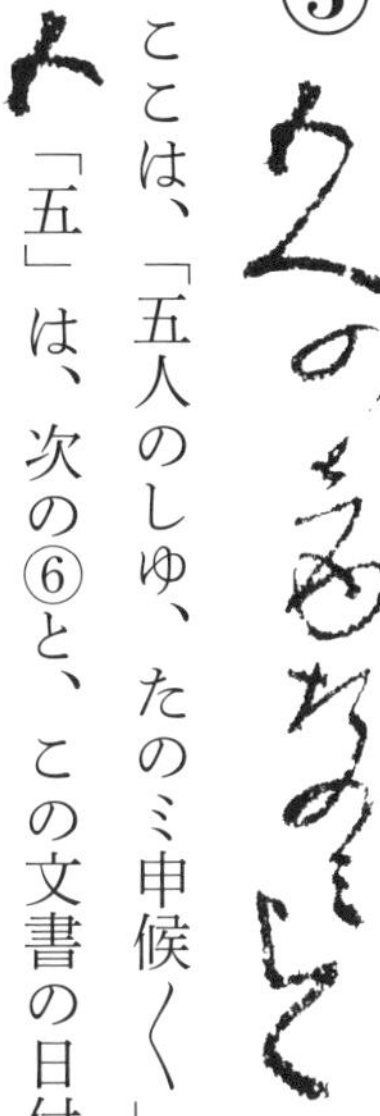

ここは、「五人のしゆ、たのミ申候〱」と読みます。

「五」は、次の⑥と、この文書の日付にも出てきますが、特徴あるくずし字です。「五」に限らず、漢数字はぜひ覚えておきましょう。「五」の次の字は、どこからが一字になるのかを見誤ると平仮名「へ」と間違えます。しかし、内容から考えると、「人」しかありません。次の「のしゆ、たのミ申候」のくずしは、やはり本文と同じ形です。は平仮名「く」に見えますが、「申候く」では文章になりません。ここは、二字以上の文字を繰り返す時に使う「〱」と判読すべきです。この場合は、直前に書かれた「たのミ申候」を繰り返し、強調度を増しています。

「五人のしゆ、たのミ申候〱」、つまり「五人の衆に頼み申し候、頼み申し候」とは、「五人の衆にお頼みいたします。お頼みいたします」という文意になります。「五人」とは、もちろん宛先の五人のことです。秀頼の行末を、宛先の五人に託す秀吉の強い願望が感じられるのではないでしょうか。

⑥ 

ここは、「いさい五人の物ニ申わたし候」と読みます。「いさい」の・「い」は「以」、「さ」は「左」のくずし字で、漢字にすると「委細」となり、「詳細、細かいこと」という意味です。

この「物」のくずし字は、「西」にも似ていますが、「西」では文章になりません。「物」は旁の形に特徴があります。本来は「者」と書くべきところを、「物」が当てられたのでしょう。では、「五人の物」とは誰のことを指しているのでしょうか。②で見た「しゆ（衆）」と⑤で見た「五人のしゆ（衆）」は宛名の五人を指していますが、ここは違います。読者の皆さんは、「五奉行」という言葉が歴史の教科書に出てきたことを覚えているでしょうか。この「五人の物」とは、前田玄以（まえだげんい）・浅野長政（あさのながまさ）・増田長盛（ましたながもり）・石田三成（いしだみつなり）・長束正家（なつかまさいえ）の五人、つまり「五奉行」を指しています。

「わたし」の「た」は「多」のくずし字で、古文書に頻出する形です。「わ」も「た」もですが、現在の平仮名と形が異なるくずし字は、覚えてしまいましょう。

「いさい五人の物（者）ニ申わたし候」、つまり「委細、五人の物（者）に申し渡し候」とは、「詳細は

五人の者（前田玄以・浅野長政・増田長盛・石田三成・長束正家）に伝えました」という文意になります。

⑦ 

「なこりおしく候」は、すべて既出の文字ですが、「お」が難読だったかもしれません。「なこりおしく」とは「名残惜しく」のことです。

「以上」は、形がだいぶくずれていますが、文章を終わりにする時に用いられる文言で、現在と同じ意味です。「以上」には様々なくずし方がありますので、その都度、形ごと覚えてしまいましょう。

「なこりおしく候、以上」、つまり「名残惜しく候、以上」とは「（しかし、秀頼の行末を見ずに死ぬのは）気がかりです。以上」という文意になります。

日付は「八月五日」、宛先の五人は、それぞれ「いへやす（家康）」、「ちくせん（筑前）」、「てるもと（輝元）」、「かけかつ（景勝）」、「秀いへ（秀家）」です。「秀いへ」の左下にある「まいる（参る）」は脇付です。

この遺言状は、タイトルにある通り写です。その根拠として、日付の下の差出人の部分にある「御判」と、折紙の下半分にある「御自筆御判御書うつし」という文言が挙げられます。

通常、差出人の名前の下には、花押(かおう)があるはずですが、文書を写す際に、「ここに花押がある」という意味で「御判」と書きます。そして「御自筆御判御書うつし」とは、「(これは)秀吉の自筆で直に花押が据えられた書状の写しである」という意味です。

また、平仮名書きの書状は、当時は差出人や宛先が女性、差出人と宛先の関係が親しい間柄、主人の近くにいる家臣に宛てて出す場合、内容が極めて私的なことなどに用いられます。文書の内容は、自分の死後を宛先の五人に任せたとはいえ、幼い秀頼を残して先に死んでしまう秀吉の口惜しい心情がにじみ出ていますので、一見すると秀吉の自筆かと思われます。

しかし、この遺言状がいつの段階で写されたものなのか、秀吉の遺言とされる文書は、公的な内容が書かれているものも含めて複数あるものの、この遺言状の写が毛利家に伝わったものしか現在のところは確認できていないことなど、自筆と確定するには不明な要素が多くあります。今後の研究成果に期待するところでしょう。

〔釈文〕

返々、秀より事、」たのミ申候、五人」のしゆ、たのミ申候〳〵、」いさい五人の物（者）ニ申」わたし候、なこり」おしく候、以上、」

秀より事、」なりたち候やうに、」此かきつけ候、」しゆとして、たのミ」申候、なに事も、」此ほかにわ、おもひ」のこす事なく候、」かしく、」

八月五日　秀吉御判

いへやす
ちくせん
てるもと
かけかつ
秀いへ
　まいる

御自筆御判御書うつし

〔**読み下し文**〕

返す返す、秀頼の事、頼み申し候、五人の衆に頼み申し候、頼み申し候、委細、五人の物(者)に申し渡し候、名残惜しく候、以上、

秀頼の事、成り立ち候ように、これに書き付け候、衆として、頼み申し候、何事も、このほかには、思い残す事なく候、かしく、

【執筆者略歴】※五十音順

片山正彦（かたやま・まさひこ）

一九七三年生まれ。市立枚方宿鍵屋資料館学芸員、佛教大学・神戸常盤大学非常勤講師等。

主要業績：『豊臣政権の東国政策と徳川氏』（思文閣出版、二〇一七年）、「筒井順慶の「日和見」と大和国衆」（『地方史研究』三九二号、二〇一八年）、「大坂冬の陣における堤防の役割――主に「文禄堤」と京街道を事例として」（『交通史研究』九三号、二〇一八年）

千葉篤志（ちば・あつし）

一九八一年生まれ。日本大学文理学部人文科学研究所研究員。

主要業績：柴辻俊六・小川雄・千葉篤志編『史料集「柴屋舎文庫」所蔵文書2』（日本史史料研究会、二〇一五年）、「天正六年の佐竹氏と白河結城氏の和睦に関する一考察――喝食丸の白河結城氏養子入りの意義について」（渡邊大門編『戦国・織豊期の諸問題』歴史と文化の研究所、二〇一八年）、「永禄十一年九月から天正八年八月における蜂屋頼隆の政治的位置について」（渡邊大門編『織田権力の構造と展開』歴史と文化の研究所、二〇一七年）

秦野裕介（はたの・ゆうすけ）

一九六六年生まれ。株式会社歴史と文化の研究所客員研究員。

主要業績：「中世ラッコ関係史料の基礎的考察」（『十六世紀史論叢』一〇号、二〇一八年）、「クビライ・カアンと後嵯峨院政の外交交渉」（『立命館文学』六二四号、二〇一二年）、「徳川日本における塩引鮭の普及」（大平祐一・桂島宣弘編『「日本型社会」論の射程』文理閣、二〇〇五年）

光成準治（みつなり・じゅんじ）

一九六三年生まれ。九州大学大学院特別研究者。博士（比較社会文化）。

主要業績：『毛利輝元――西国の儀任せ置かるの由候』（ミネルヴァ書房、二〇一六年）、『関ヶ原前夜――西国大名たちの戦い』（日本放送出版協会、二〇〇九年）、『中・近世移行期大名領国の研究』（校倉書房、二〇〇七年）

渡邊大門（わたなべ・だいもん）

※奥付参照

【編者略歴】

渡邊大門（わたなべ・だいもん）

1967年生まれ。1990年、関西学院大学文学部卒業。2008年、佛教大学大学院文学研究科博士後期課程修了。博士（文学）。

現在、株式会社歴史と文化の研究所代表取締役。

著書は『戦国時代の表と裏』（東京堂出版）、『宇喜多秀家と豊臣政権　秀吉に翻弄された流転の人生』（洋泉社・歴史新書ｙ）、『流罪の日本史』（ちくま新書）、『戦国期浦上氏・宇喜多氏と地域権力』（岩田書院）、『戦国期赤松氏の研究』（同）、編著として『織田権力の構造と展開』（歴史と文化の研究所）、『論集 赤松氏・宇喜多氏の研究』（同）など多数。

戦国古文書入門

2019年２月28日　初版印刷
2019年３月10日　初版発行

編　者	渡邊大門
発行者	金田　功
発行所	株式会社 東京堂出版
	〒101-0051　東京都千代田区神田神保町1-17
	電話　03-3233-3741
	http://www.tokyodoshuppan.com/
装　丁	常松靖史［TUNE］
組　版	有限会社 一企画
印刷・製本	中央精版印刷株式会社

ISBN978-4-490-21003-3 C1021